# 林业发展战略及其地方实践研究

朱小薇　孙浩伦　吕文辉　著

延吉·延边大学出版社

图书在版编目（CIP）数据

林业发展战略及其地方实践研究 / 朱小薇，孙浩伦，吕文辉著. -- 延吉：延边大学出版社，2024.9.
ISBN 978-7-230-07196-3

Ⅰ.F326.23

中国国家版本馆CIP数据核字第2024MH1501号

## 林业发展战略及其地方实践研究

| 著　　者： | 朱小薇　孙浩伦　吕文辉 |
|---|---|
| 责任编辑： | 王宝峰 |
| 封面设计： | 文合文化 |
| 出版发行： | 延边大学出版社 |
| 地　　址： | 吉林省延吉市公园路977号　　邮　编：133002 |
| 网　　址： | http://www.ydcbs.com　　E-mail：ydcbs@ydcbs.com |
| 电　　话： | 0433-2732435　　传　真：0433-2732434 |
| 印　　刷： | 长春市华远印务有限公司 |
| 开　　本： | 787毫米×1092毫米　1/16 |
| 印　　张： | 12 |
| 字　　数： | 240千字 |
| 版　　次： | 2024年9月第1版 |
| 印　　次： | 2025年1月第1次印刷 |
| 书　　号： | ISBN 978-7-230-07196-3 |
| 定　　价： | 68.00元 |

# 前 言

当前,我国在改善农村生态环境、坚持绿色发展、生态优先的原则下,仍需大力发展林业,兼顾经济效益与生态效益多重抓手,实现生态与民生的共同发展。我国各地区在优化退耕还林过程中,要立足地区实际,因地制宜实现退耕还林造林,提升抵御生态环境风险能力,制定合理的战略体系,提升林业产业经济效益,促进林业产业现代化发展。

本书共分为八章。第一章是林业与我国林业发展概述,主要就现代林业的概念、中国林业的发展变迁、现代林业发展面临的机遇与挑战等进行了分析;第二章是林业发展的理论基础,分别从区域经济发展理论、生态系统理论、生态经济学理论、可持续发展理论四个方面展开论述;第三章是现代林业发展的总体发展战略,分别从现代林业发展的总体战略思想、现代林业发展战略布局与目标等进行简要阐述;第四章是林业生态环境建设的发展战略,主要对社会生态环境建设对林业的需求、林业生态环境建设的发展战略指导、林业生态环境建设发展战略的具体实施进行简要阐述;第五章是现代林业管理体制的现状以及改革的困境,主要就我国林业管理体制的现状及改革所面临的困境进行阐述和分析;第六章是林业发展战略的实现路径,详细论述了如何建立林业投入体系,以及建立规范有序的经营体系和运行机制、强化科技支撑和人力资源保障体系等内容;第七章是林业发展战略的地方实践,主要以临沂市林业产业发展实践和黑龙江省林业发展实践为例进行研究,探讨我国林业发展战略在地方林业发展实践中的应用。

本书由朱小薇、孙浩伦、吕文辉撰写,张玉杰、贾元娥、刘建超、张浩、冀一源、李婷、陈宏钧、王志红、王天宇、董春雷对整理本书书稿亦有贡献。

本书在撰写过程中,参考、借鉴了前辈学人的论著与研究成果,在此一一表示感谢。由于作者水平有限,加之行文仓促,书中难免存在疏漏与不足之处,望各位专家与广大读者批评指正,以使本书更加完善。

作者

2024年1月

# 目 录

第一章 林业与我国林业发展概述 …………………………………………… 1

    第一节 现代林业的概念与内涵 ………………………………………… 1
    第二节 中国林业的发展变迁 …………………………………………… 5
    第三节 中华人民共和国林业建设的主要成就与经验 ………………… 17
    第四节 我国现代林业发展面临的机遇与挑战 ………………………… 23

第二章 林业发展的理论基础 ……………………………………………… 32

    第一节 区域经济发展理论 ……………………………………………… 32
    第二节 生态系统理论 …………………………………………………… 37
    第三节 生态经济学理论 ………………………………………………… 40
    第四节 可持续发展理论 ………………………………………………… 44

第三章 现代林业发展的总体发展战略 …………………………………… 48

    第一节 现代林业发展的总体战略思想 ………………………………… 48
    第二节 现代林业发展战略布局与目标 ………………………………… 59
    第三节 现代林业发展战略实施建议 …………………………………… 66

第四章 林业生态环境建设的发展战略 …………………………………… 74

    第一节 社会生态环境建设对林业的需求 ……………………………… 74
    第二节 林业生态环境建设的发展战略指导 …………………………… 78

第三节　林业生态环境建设发展战略的具体实施 …………… 87

# 第五章　现代林业管理体制的现状以及改革的困境 ……………… 98

　　第一节　我国林业管理体制的现状 ………………………………… 98

　　第二节　我国林业体制改革所面临的困境 ………………………… 102

# 第六章　林业发展战略的实现路径 …………………………………… 106

　　第一节　建立林业投入体系 ………………………………………… 106

　　第二节　建立规范有序的经营体系和运行机制 …………………… 112

　　第三节　强化科技支撑和人力资源保障体系 ……………………… 119

　　第四节　建立健全完备的林业法治体系 …………………………… 128

　　第五节　建立与国际接轨的新型合作交流体系 …………………… 135

# 第七章　林业发展战略的地方实践 …………………………………… 141

　　第一节　临沂市林业产业发展实践 ………………………………… 141

　　第二节　黑龙江省林业发展实践 …………………………………… 161

# 参考文献 …………………………………………………………………… 180

# 第一章 林业与我国林业发展概述

## 第一节 现代林业的概念与内涵

现代林业是一个具有时代特征的概念。随着经济社会的不断发展，现代林业的内涵也在不断地发生着变化。因此，正确理解和认识新时期现代林业的基本内涵，对指导现代林业建设具有重要的意义。

### 一、现代林业的概念

早在改革开放初期，我国就有人曾提出过现代林业的概念。当时人们简单地将现代林业理解为林业机械化，后来又走入了只讲生态建设，不讲林业产业的误区。国内较早的现代林业定义是：现代林业即在科学认识的基础上，用现代技术装备武装和现代工艺方法生产以及用现代科学方法管理的，可持续发展的林业。有学者提出，区别于传统林业，现代林业是在现代科学的思维方式指导下，以现代科学理论、技术与管理为指导，通过新的森林经营方式与新的林业经济增长方式，达到充分发挥森林的生态、经济、社会与文明功能，担负起优化环境，促进经济发展、社会文明进步，实现可持续发展的目标和任务。江泽慧在《中国现代林业》中提出：现代林业是充分利用现代科学技术和手段，全社会广泛参与保护和培育森林资源，高效发挥森林的多种功能和多重价值，以满足人类日益增长的生态、经济和社会需求的林业。

关于现代林业起步于何时，学术界有着不同的看法。有的学者认为，大多数发达国家的现代林业始于第二次世界大战之后，我国则始于1949年中华人民共和国成立。也有的学者认为,就整个世界而言,后工业化时期即进入现代林业阶段,因为此时的森林经营目标已经从经济效益转向了环境效益和经济效益相融合。而在中华人民共和国成立后,我国以采伐森林提供木材为重点,同时大规模进行人工造林,长期处于传统林业阶段。从20世纪70年代末开始,随着经济体制改革,才逐步向现代林业转轨。还有的学者通过对森林经营思想的演变以及经营利用水平、科技水平的高低等方面进行比较,认为1992年的联合国环境与发展大会标志着林业发展从此进入了林业生态、社会和经济效益全面协调、可持续发展的现代林业发展阶段。

以上专家学者提出的现代林业的概念,反映了当时林业发展的方向和时代的特征。今天,林业发展的经济和社会环境、公众对林业的需求等都发生了很大的变化,如何界定现代林业这一概念,仍然是建设现代林业中首先应该明确的问题。

随着时代的发展,林业本身的范围、目标和任务也在发生着变化。从林业资源所涵盖的范围来看,我国的林业资源不仅包括林地、林木等传统的森林资源,同时还包括湿地资源、荒漠资源,以及以森林、湿地、荒漠生态系统为依托而生存的野生动植物资源。从发展目标和任务来看,我国的林业已经从传统的以木材生产为核心的单目标经营,转向重视林业资源的多种功能、追求多种效益。我国林业不仅要承担木材及非木质林产品供给的任务,同时还要在维护国土生态安全、改善人居环境、发展林区经济、促进农民增收、弘扬生态文化、建设生态文明中发挥重要的作用。

综合以上的分析,可以认为衡量一个国家或地区的林业是否达到了现代林业的要求,最重要的就是考察其发展理念、生产力水平、功能和效益是否达到了所处时代的领先水平。建设现代林业就是要遵循当今时代最先进的发展理念,以先进的科学技术、精良的物质装备和高素质的林业从业者为支撑,运用完善的经营机制和高效的管理手段,建设完善的林业生态体系、发达的林业产业体系和繁荣的生态文化体系,充分发挥林业资源的多种功能和多重价值,最大限度地满足社会的多样化需求。

按照伦理学的理论,概念是对事物最一般、最本质属性的高度概括,是人类抽象的、普遍的思维产物。先进的发展理念、技术和装备、管理体制等都是建设现代林业过程中的必要手段,而最终体现出来的是林业发展的状态和方向。因此,现代林业就是可持续发展的林业,它是指充分发挥林业资源的多种功能和多重价值,不断满足社会多样化需求的林业发展状态和方向。

## 二、现代林业的内涵

对于现代林业的基本内涵，在不同时期，国内的专家给予了不同的界定。有的学者认为，现代林业是由一个目标（发展经济、优化环境、富裕人民、贡献国家）、两个要点（森林和林业的新概念）、三个产业（林业第三产业、第二产业、第一产业）彼此联系在一起综合集成的一个高效益的林业持续发展系统。还有的学者认为，现代林业强调以生态环境建设为重点，以产业化发展为动力，以全社会广泛参与和支持为前提，积极广泛地参与国际交流合作，从而实现林业资源、环境和产业协调发展，经济、环境和社会效益高度统一的林业。现代林业与传统林业相比，其优势在于综合效益高，利用范围大，发展潜力突出。

江泽慧（2000）将现代林业的内涵概述为：以可持续发展理论为指导，以生态环境建设为重点，以产业化发展为动力，以全社会共同参与和支持为前提，广泛地参与国际交流与合作，实现林业资源、环境和产业协调发展，以及环境效益、经济效益和社会效益高度统一。

贾治邦（2006）指出：现代林业，就是科学发展的林业，就是以人为本、全面协调可持续发展的林业，就是体现现代社会主要特征，具有较高生产力发展水平，能够最大限度拓展林业多种功能，满足社会多样化需求的林业。同时，他从发展理念、经营目标、科学技术、物质装备、管理手段、市场机制、法律制度、对外开放、人员素质9个方面论述了发展现代林业的基本要求，这一论述较为全面地概括了现代林业的基本内涵。

综上所述，中国现代林业的基本内涵可表述为：以建设生态文明社会为目标，以可持续发展理论为指导，以多目标经营做大林业，用现代科学技术提升林业，用现代物质条件装备林业，用现代信息手段管理林业，用现代市场机制发展林业，用现代法律制度保障林业，用扩大对外开放拓展林业，用高素质新型林业工作人员推进林业，通过努力提高林业科学化、机械化和信息化水平，提高林地产出率、资源利用率和劳动生产率，提高林业发展的质量、素质和效益，建设完善的林业生态体系、发达的林业产业体系和繁荣的生态文化体系。

## （一）现代发展理念

理念就是理性的观念，是人们对事物发展方向的根本思路。现代林业的发展理念，就是通过科学论证和理性思考而确立的未来林业发展的最高境界与根本观念，其主要解决林业发展走什么道路、达到什么样的最终目标等根本方向问题。因此，现代林业的发展理念，必须是最科学的。这既符合当今世界林业发展潮流，又符合中国的国情和林情。

中国现代林业的发展理念应该是以可持续发展理论为指导，坚持以生态建设为主的林业发展战略，最终实现人与自然和谐的生态文明社会。这一发展理念的四个方面是一脉相承的，也是一个不可分割的整体。

可持续发展理论是在人类社会经济发展面临着严重的人口、资源与环境问题的背景下产生和发展起来的，联合国环境规划署把可持续发展定义为既满足当前需要而又不削弱子孙后代满足其需要之能力的发展。可持续发展的核心是发展，其重要标志是资源的永续利用和良好的生态环境。可持续发展要求既要考虑当前发展的需要，又要考虑未来发展的需要，不以牺牲后代人的利益为代价。在建设现代林业的过程中，要充分考虑发展的可持续性，既充分满足当代人对林业三大产品的需求，又不对后代人的发展产生影响。大力发展循环经济，建设资源节约型、环境友好型社会，必须合理利用资源、大力保护自然生态和自然资源，恢复、治理、重建和发展自然生态与自然资源，是实现可持续发展的必然要求。可持续林业从健康、完整的生态系统、生物多样性、良好的环境及主要林产品持续生产等诸多方面，反映了现代林业的多重价值观。

## （二）多目标经营

森林具有多种功能和多种价值。经营目标从单一的经济目标向生态、经济、社会多种效益并重的多目标经营转变，是当今世界林业发展的共同趋势。由于各国的国情、林情不同，其林业经营目标也各不相同。德国、瑞士、法国、奥地利等林业发达国家在总结几百年来林业发展经验和教训的基础上提出了近自然林业模式；美国提出了从人工林计划体系向生态系统经营的高层过渡；日本则通过建设人工培育天然林、复层林、混交林等措施来确保其多目标的实现。20世纪80年代中期，我国对林业发展道路进行了深入系统的研究和探索，提出了符合我国国情林情的林业分工理论，按照林业的主导功能特点或要求分类，并按各类的特点和规律运行林业经营体制与经营模式。我国通过森林功能性分类，充分发挥林业资源的多种功能和多种效益，不断增加林业生态产品、物质产品和文化产品的有效供给，持续不断地满足社会和广大民众对林业的多样化需求。

中国现代林业的最终目标是建设生态文明社会，具体目标是实现生态、经济、社会三大效益的最大化。

## 第二节 中国林业的发展变迁

### 一、新中国成立前的林业发展概况

历史上，我国是一个林业资源丰富的国家，有着十分丰富的森林资源。为了解我国林业发展，首先应了解我国森林资源概况。

#### （一）远古时期

在远古时代，我国森林覆盖率按今天的国土面积计算大约为64%（马忠良等，1997）。这些葱茏郁茂的原始森林，主要分布于我国的"东南半壁"，森林覆盖率为80%~90%。"西北半壁"的森林主要分布于高山和河流附近，森林覆盖率为30%左右，其他地区为草原、荒漠、寒漠和雪山。远古时期我国森林不仅分布广、面积大，而且森林植物和动物资源种类繁多、种群数量庞大，为人类提供着十分充足的衣食来源。

到传说中的燧人氏时代，人类已能钻木取火。恩格斯把火的使用称为"有决定意义的进步"。伴随着火的使用，人类相继发明"火猎"之法以捕获野兽，"火田"之法以种植农作物，烧制陶器；借助火"披山通道"发动战争；用火烧饭和取暖等。

黄帝直至夏代的数百年间是毁林较为严重的时期。管子曾论述黄帝、虞舜和夏禹的毁林情况："黄帝之王，谨逃其爪牙，有虞之王，枯泽童山，夏后之王，烧增薮，焚沛泽，不益民之利。"（《管子·国准》）其毁林规模大小不一，涉及地区相当之广，大约遍及当时所有农业地区，毁坏较为严重的是今天陕西、山西、河北、河南、山东、安徽等地（张钧成，1980）。但是从整体上说，由于那时人口稀少，后期才达100万，所以对森林破坏的程度还是相对较轻的，只是到了后期才日益加重。到夏朝建立时，森林覆盖率可能下降到了60%。

## （二）先秦时期

从夏朝建立至公元前221年秦朝统一中国，是中国奴隶社会向封建社会过渡的时期，先后经过了夏、商、西周、东周（春秋、战国）等朝代。夏朝人们活动地区主要集中于黄河中下游，人口约140万。商朝人们活动区域有所扩大，人口增长到200余万人，部落数量减少；到西周初期人口增加到300余万人，活动区域、城市密度都有增加，邦国进一步减少。春秋后期人口达450余万人，人群活动范围已达长江中下游乃至华南一带。战国时期，只剩下7个国家彼此争雄，战国末期（公元前221年）人口达2000余万人，最终由秦统一中国。

先秦时期森林资源的破坏多由于以下因素：在夏禹之时，由于发生了大的洪水，在他的带领下，测量九州，疏导河流，并开山通道。《尚书·益稷》："予（系禹自称）乘四载，随山刊木。"远古时代，由于人口的增加，人们为了开拓耕地而破坏森林。诸侯国之间频繁地兼并、征服，也会导致森林的严重破坏。例如，城濮之战晋侯伐木"以益其兵"（《左传·僖公二十八年》）。古代狩猎常常采取以火烧林驱赶并捕获野兽的方式，这对森林的破坏也十分严重。《列子·黄帝》："赵襄子率徒十万，狩于中山，藉艻燔林，扇赫百里。"烧柴也是导致森林消耗的一个重要方面。《诗经·小雅·甫田之什》："陟彼高冈，析其柞薪。"为了营建宫室砍伐林木。《晏子春秋·内篇·问（上）》晏子对景公说："今君政反乎民，而行悖乎神，大宫室、多斩伐，以逼山林。"从总体上看，这一时期，人口由夏初的100余万上升到战国末的2000余万，增长约20倍，森林资源受到很大的破坏。毁林地区主要集中于黄河流域、华北平原和长城沿线。据资料分析，从数量上看在夏至战国的1800多年间，森林覆盖率由60%下降到46%左右，平均每100年减少0.76个百分点。但由于那时人口较少，森林资源仍然很丰富，尤其是山地和人口稀少的边远地区。

## （三）中古时代前期

秦、汉、魏、晋、南北朝至隋唐时期（公元前221—公元907年），是中国封建社会的成长和发展时期。人口在2000万至8300万人的范围内变动。秦朝的统治区域包括黄河中下游、长江中下游和珠江流域地区。秦汉时期的人口在战国末期2000余万人的基础上发展到西汉末年6500万人以上，出现人口增长的第一个高峰。东汉中期的人口与西汉末年相当。汉魏之际，由于战争和天灾，人口被大量减耗。三国时期人口计3798余万人（王育民，《中国人口史》），西晋盛时人口为4500余万人。三国至南北朝时期人口数都没有超过东汉盛时。隋大业五年（609年）人口约6200万。隋唐之际户口锐减，贞观以后迅速恢复，到唐天宝十四年（755年）人口有8316余万。唐代中期人口大幅度下降，后期人口发展迟滞，均大大低于盛时的水平。

这一时期，由于人口增长、灾荒、战争、宫室建设、薪炭等原因，森林继续受到较严重的破坏。人口增加，相应地要求扩大耕地，以解决粮食问题，这势必要占用林地。"伐木而树谷，燔莱而播粟。"（汉桓宽《盐铁论·通有》）其他如烧柴，建造房屋，制作家具、舟车等活动都有相应的增加，这些都需消耗木材。随着中原地区森林资源的日趋贫乏，人们逐渐向边远地区迁移。

秦始皇修建各种浩大的工程，加重了森林的破坏。汉时"劝民农桑"和"弛山泽之禁"（《史记·货殖列传》），让农民进山狩猎开垦，这对森林的破坏无疑是严重的。西晋"永嘉之乱"北方大批汉族人口南移，北方游牧民族徙入中原，黄河中上游地区的森林和草原植被得到不同程度的恢复，这一时期黄河流域出现相对安定的局面；而南方则相反，人口急剧增长，长江流域森林在平地和低山丘陵区开始遭受严重破坏。战争毁林主要是战争"使数百方里之森林，化为焦土"。隋唐的土地政策仍沿用北魏的均田制，林地为永业田，占所授土地的1/5，有继承权。这种政策对森林的影响有补偿和破坏的两面性。

秦汉到隋唐的1000多年间，估计森林资源由46%的覆盖率下降为33%。平均每100年减少1.15个百分点。毁林地区逐渐由黄河流域转到长江流域。由于森林资源减少，各种自然灾害在晋时已相当严重。

### （四）中古时代后期

五代、宋、辽、金、夏、元、明至清代中期（907—1840年），是中国封建社会的继续发展和衰落期。这一时期的人口由五代时的3000余万增长到清代道光二十年（1840年）的41281万余人（《清宣宗实录》三百四十三卷）。五代十国时期，经济文化的重心从黄河流域转移到长江流域，以淮河、秦岭为界，南方人口开始超过北方。宋代在南方开垦大量农田，并兴修水利工程，农业生产有较大发展。宋徽宗大观年间（1107—1110年），人口已突破1亿（《宋史·地理志》），为中国人口增长的第二个高峰期。南宋初年（1126—1145年），出现了第二次北人南迁的高潮。元代人口由初期的6000余万人增至后期的10400余万人。明代人口范围在6500万至15000万之间，明万历（1573—1620年）年间为最多。清代前期人口发展很快，由康熙时期的8000万左右增加到道光二十年的41281万，形成人口发展的又一次高峰。这一时期的森林覆盖率约由33%下降到17%，平均每100年降低1.71个百分点。其中，到明末清初，下降到21%左右。

这一时期森林破坏的原因与上一时期基本相似，包括农垦、战争、建筑、薪炭等，以农垦的破坏为主。尤其是清代，人口的高速增长加剧了森林的破坏，在华中地区出现的大批棚民，进入山林，垦种山坡。明清两代，广筑宫殿和园林，也消耗了很多木材。这一时期，森林破坏的地区重点是长江流域、珠江流域和西南地区的天然林，中原地区已基本无林可采。由于南方和北方森林的大面积消失，各种生态灾难已非常严重。例如，北方毛乌素沙地、科尔沁沙地的严重沙化，黄河、长江等流域的洪灾等。

### （五）近代时期

在清朝后期至新中国成立之前（1840—1949年），我国是半封建半殖民地社会。这一时期的人口为37200万—54167万。1840年全国人口为41281万，后由于鸦片战争、太平天国运动等，到同治十二年（1873年）人口降为37200余万人。中华人民共和国成立前，根据多方数据统计，全国人口约54167万人。这一时期的森林资源大约由17%下降为中华人民共和国成立时的12.5%。在109年的时间内下降了4.5个百分点，达到了有史以来森林破坏的最高峰。森林受破坏的原因，除了同以前历史时期的农垦、建筑、薪炭等生产生活因素外，还加上了两个新的因素，一个因素是帝国主义掠夺和近代的战争。帝国主义掠夺主要是沙皇俄国和日本帝国主义对中国东北、西北、台湾、海南等地区的森林资源进行的掠夺。咸丰八年（1858年）和咸丰十年（1860年），沙皇俄国政府强迫清政府签订《瑷珲条约》和《北京条约》，黑龙江以北、乌苏里江以东的100多万平方公里中国领土被割让。同治三年（1864年）沙俄政府强迫清政府签订《中俄勘分西北界约记》，沙皇俄国割占了巴尔喀什湖以东、以南44万多平方公里中国领土。光绪二十一年（1895年），日本帝国主义通过《马关条约》强占中国台湾。1931年九一八事变后，中国东北全境被日本人侵占达14年之久。另一个因素是战争，因为现代战争用飞机大炮，不同于古代用刀枪剑戟，所以对森林资源的破坏力更大；加上近代百年来战火不断，尤其是在抗日战争期间日军采取残酷的"三光"政策，造成许多森林火灾。据国民党政府农林部调查，抗日战争期间，各省约损毁18.8亿立方米的木材。在中华人民共和国成立前的一个多世纪里，帝国主义列强使中国丧失木材蓄积量达100亿立方米。

## 二、中华人民共和国成立后的林业发展历程

中华人民共和国成立的70多年来，林业为国民经济建设和人民生活作出了重大贡献，取得了巨大成就；同样，我国的林业政策也出现过某些失误。回顾和研究新中国林业的发展状况有利于分析目前我国林业发展形势，总结经验，寻找未来发展之路。

新中国林业发展大致可以分为三个阶段：1949—1978年为第一阶段，1979—1997年为第二阶段，1998年至今为第三个阶段。

### （一）林业建设的起步与徘徊阶段（1949—1978年）

新中国成立初期至党的十一届三中全会是新中国林业发展的第一阶段。这一阶段党和政府针对林业建设方针、森林权属界定、保护森林资源、防止森林火灾、禁止乱垦滥伐等问题先后出台了一系列政策。这一阶段又可分为建设起步和徘徊停滞两个时期。

#### 1. 建设起步时期（1949—1958年）

1949年，中国人民政治协商会议提出"保护森林，并有计划地发展林业"的方针。1950年，第一次全国林业业务会议召开，确立了"普遍护林，重点造林，合理采伐和合理利用"的建设总方针。1964年，为进一步完善这一方针，林业部（今国家林业和草原局）进一步提出要"以营林为基础，采育结合，造管并举，综合利用，多种经营"。林业建设总方针的提出与完善对我国林业发展、保护开发利用森林资源发挥了重要的指导作用。

新中国成立前，我国山林权绝大多数为私有，山林可以自由买卖。1950年通过的

《中华人民共和国土地改革法》对山林权属问题作出了界定，确立了国有林和农民个体所有林。各地政府积极组织群众成立护林组织，订立护林公约，保护森林，禁止乱砍滥伐。1950年，政务院（今国务院）发布《关于全国林业工作的指示》，指出林业工作的方针和任务是以普遍护林为主，严格禁止一切破坏森林的行为，在风沙水旱灾害严重的地区发动群众有计划地造林。1958年4月，中共中央、国务院发布了《关于在全国大规模造林的指示》；同月，中共中央、国务院发布了《关于加强护林防火工作的紧急指示》等。

林业建设总方针的确立与完善、森林权属的界定、保护森林资源政策的出台与实施，有助于保护森林资源，也推动了我国林业的发展。据相关统计资料，1949年前后，全国森林覆盖率仅为8.6%，1950—1962年主要林区的森林资源调查显示，全国森林覆盖率为11.81%。森林覆盖率有了较快的增长。

### 2. 徘徊停滞时期（1958—1978年）

这一时期，党和政府为推动林业的健康发展也出台了一系列政策，如1958年9月，中共中央发布《关于采集植物种子绿化沙漠的指示》；1961年6月，中共中央发布《关于确定林权、保护山林和发展林业的若干政策规定（试行草案）》；1963年5月，国务院颁布了《森林保护条例》，这是新中国成立以后制定的第一个有关森林保护工作的最全面的法规；1967年9月，中共中央、国务院、中央军委、中央"文革"小组联合下发了《关于加强山林保护管理，制止破坏山林、树木的通知》等。这些政策措施都有利于森林资源的保护和合理开发。

但就总体而言，这一阶段我国林业建设历经了较多的曲折。全国范围内出现了毁林种粮的现象，森林资源遭到了严重的破坏，水土流失严重，生态环境问题凸显。1973—1976年，我国开展了第一次全国森林资源清查工作，其结果显示，当时森林面积约121.9万公顷，森林覆盖率为12.7%。1977—1981年第二次全国森林资源清查显示，我国森林面积为115.3万公顷，森林覆盖率降至12.0%，指标较第一次清查时有所下降。

党的十一届三中全会前，党和政府为推动林业发展出台了一系列政策。但就政策的实施效果来看，情况并不理想，林业建设一度停滞，甚至发生了倒退。这与以下几点因素密切相关：

第一，以木材生产为中心的林业经营实践。受传统林业经营思想的影响，在林业经营实践中，无论是森工企业，还是营林部门，都执行了以原木生产为中心的经营方针。

森林仅被作为一种经济资源，林业建设的首要任务被定位为生产木材。随着国民经济的恢复和发展，各条战线对木材等林产品的需求不断加大，木材年产量逐年增长，从1949年的567.0万立方米到1980年的3507.8万立方米，增长了6倍多。超指标采伐、超期采伐甚至乱砍滥伐给林业发展带来了严重危害。

第二，取之于林多，用之于林少，森林保护不到位。由于对森林保护和营造的重要性认识不足，林业建设的正确思想、方针、政策没能得到有效落实，如林业建设"以营林为基础"没能得到有效的贯彻。重砍伐，轻营造，"年年植树不见树，岁岁造林难成林"。相关资料显示，从新中国成立至党的十一届三中全会前，我国每年平均造林315万公顷，累计造林超过了9000万公顷，但成林面积却只有2800万公顷，保存率不到1/3。

## （二）林业建设的恢复与振兴阶段（1979—1997年）

从20世纪70年代末到20世纪90年代后期，即从改革开放之初到20世纪末，这一时期是林业发展的第二阶段。大力植树造林、加强森林保护、强调可持续发展成为这一时期党和政府林业政策措施的重点。这一阶段又可分为三个时期：

### 1. 恢复发展时期（1979—1983年）

党的十一届三中全会以后，伴随着党和国家工作重点的转移，林业建设步入了正常轨道。党和政府就植树造林问题相继出台了一系列政策，如《全国人民代表大会常务委员会关于植树节的决议》《关于大力开展植树造林绿化祖国的联合通知》《中共中央关于加快农业发展若干问题的决定》《中共中央、国务院关于大力开展植树造林的指示》《中共中央、国务院关于保护森林发展林业若干问题的决定》等。

由于历史欠账太多，以上政策的出台和实施没能遏制住我国生态失衡的局面，1981年7—8月，我国四川、陕西等地先后发生了历史上罕见的特大洪水灾害。长江、黄河上游连降暴雨，洪水暴发、山体崩塌，给人民群众的生命财产和国家经济建设造成了巨大的损失。专家学者以大量的数据和事实论证了森林植被遭到破坏、生态失去平衡是造成这次洪灾的主要原因。

严峻的生态形势使党和政府对森林生态效益的重要性的认识不断提升。邓小平指出："最近发生的洪灾涉及到林业问题，涉及到森林的过量砍伐。看来宁可进口一点木材，也要少砍一点树。"1981年12月13日，五届全国人大第四次会议审议并通过了《关于开展全民义务植树的决议》，从此植树造林成了我国公民应尽的义务。在党和政府的领导下，全国人民掀起了植树造林运动的高潮，展现了一场规模浩大的生态建设运动。为了防止我国西北、华北、东北地区的风沙危害和水土流失，减缓日益加速的荒漠化进程，党和政府决定在西北、华北北部、东北西部绵延4480千米的风沙线上实施"三北"防护林体系建设工程。1986年后又陆续开展了绿化太行山、沿海防护林、长江中上游防护林、平原绿化、黄河中游防护林等生态工程。全民义务植树和大型生态工程的启动体现出党和国家对生态建设重视程度的日益加强。

### 2. 加强森林保护时期（1984—1991年）

按照中央部署，为了保护森林，促进林业发展，我国农村广泛实行了林业"三定（稳定山权林权、划定自留山、确定林业生产责任制）"政策。但随着经济体制改革的深入，木材市场逐步放开，在经济利益的驱动下，一些集体林区出现了对森林资源乱砍滥伐、偷盗等现象，甚至一些国有林场和自然保护区的林木也遭到了哄抢，导致集体林区蓄积量在300万立方米以上的林业重点市由20世纪50年代的158个减少到了不足100个，能提供商品材的县由297个减少到了172个。第三次森林资源清查（1984—1988年）显示，较第二次清查，南方集体林区活立木总蓄积量减少了18558.68万立方米，森林蓄积量减少了15942.46万立方米。在生产建设需要和人类生存需求的双重压力下，木材年产量居高不下，长期超量采伐、计划外采伐对森林资源消耗巨大，远远超出了森林的承载能力。

与人祸对应的是天灾。1986年春，我国多个省份连续发生森林火灾1200多起，烧林52万多亩，造成了严重的经济损失。1987年，大兴安岭林区又发生了特大森林火灾，大火持续了近一个月。据统计，过火林地面积达114万公顷，其中受害森林面积达87万公顷，烧毁储木场存材85万立方米。这是新中国成立以来最严重的一次森林大火，损失非常惨重。面对森林资源出现的危机，党和政府高度重视，先后颁布了一系列林业保护政策和法规。其中主要有《国务院关于坚决制止乱砍滥伐森林的紧急通知》《关于制止乱砍滥伐森林的紧急指示》《中华人民共和国森林法》《中华人民共和国森林法实施细则》《关于加强南方集体林区森林资源管理坚决制止乱砍滥伐的指示》《封山育林管理暂行办法》《关于保护森林资源制止毁林开垦和乱占林地的通知》《中华人民共和国水土保持法》等。以上政策法规明确指出，保护森林、发展林业是我国社会主义建设中的一个重大问题，要正确处理当前利益和长远利益、经济效益和生态效益的关系。这一时期我国林业建设实行以营林为基础，普遍护林，大力造林，采育结合，永续利用。强调对森林的保护和管理必须加强，在任何时候都不能有丝毫放松。提出对乱砍滥伐应当随起随刹，决不能手软；要彻底改变"木材生产为中心"的理念，坚决调减木材产量，给林业以休养生息的机会。这些政策法规与措施对森林资源的保护以及林业的健康发展起到了积极的促进作用。其中《中华人民共和国森林法》及其实施细则的出台标志着我国林业法治建设跨上了一个新的台阶。

### 3. 向可持续发展转变时期（1992—1997年）

1992年6月，巴西里约热内卢联合国环境与发展大会对人类环境与发展问题进行了全球性规划，会议通过的《21世纪议程》使可持续发展这一模式成了世界各国的共识。会后，我国编制了《中国21世纪议程——中国21世纪人口、环境与发展白皮书》，该书成为中国可持续发展的总体战略。作为可持续发展战略的重要组成部分，党和政府把生物多样性资源保护、森林资源保护等放到了突出位置。在1993年发布的《国务院关于进一步加强造林绿化工作的通知》中，明确指出要坚持全社会办林业、全民搞绿化，总体推进造林绿化工作，切实抓好造林绿化重点工程建设。在随后制定的《中华人民共和国农业法》中明确指出，国家实行全民义务植树制度；保护林地和林木，预防森林火灾，防治森林病虫害，制止滥伐、盗伐林木，提高森林覆盖率。1994年10月颁布的《中华人民共和国自然保护区条例》强调要将生物多样性作为重点保护对象；在1996年9月出台的《中华人民共和国野生植物保护条例》中，明确提出了要以严厉的措施保护生物多样性，维护生态平衡。

从20世纪70年代末到20世纪90年代后期，经过各方努力，我国林业建设中存在的毁林开垦、乱砍滥伐等现象得到了一定程度的遏制，植树造林、封山育林等工作初见成效。1984—1988年第三次全国森林资源清查显示，全国森林面积为124.65万公顷，森林蓄积量为91.41亿立方米。1989—1993年第四次清查显示，全国森林面积为133.70万平方千米，森林覆盖率为13.92%，活立木蓄积量为117.85亿立方米，森林蓄积量为101.37亿立方米。1994—1998年第五次清查显示，森林面积为158.94万平方千米，森林覆盖率为16.55%，活立木蓄积量为124.88亿立方米，森林蓄积量为112.66亿立方米。可见，我国森林面积和蓄积量出现了双增长的良好局面，林业发展取得了阶段性成果。

同时，由于生产建设对木材的需求居高不下，林业发展形势依然严峻。依据林业年鉴中的统计数据，1986—1991年，我国每年的木材产量曾一度递减，从6502.4万立方米下降到5807.3万立方米，减少了695.1万立方米，减幅为10.7%。但是，1991年之后迅速反弹，至1995年，木材产量攀升至6766.9万立方米，远远超过了1986年的产量。

### （三）林业建设的快速发展阶段（1998年至今）

1998年至今是我国林业建设的第三个阶段。这一时期我国的林业建设初步实现了以木材生产为主向以生态建设为主的历史性转变。这一阶段分别以1998年特大洪灾、《关于加快林业发展的决定》的出台和中央林业工作会议的召开为三个节点。

#### 1. 发展战略开始转型（1998—2002年）

1998年特大洪灾后，林业发展向以生态建设为主转变。1998年我国"三江"（长江、嫩江、松花江）流域发生了特大洪灾。此次灾害持续时间长、影响范围广，灾情特别严重，可谓百年难遇的洪灾。据国家权威部门统计，全国共有29个省（自治区、直辖市）受到了不同程度的洪涝灾害，农田受灾面积为2229万公顷，倒塌房屋达685万间，直接经济损失为2551亿元。有专家指出，洪灾与生态环境的破坏有着直接的关系。长期以来，长江流域上游无节制的森林采伐致使植被减少，森林覆盖率急剧降低，导致流域内水土流失严重，泥沙淤积、河流蓄水能力降低。北方嫩江、松花江流域的洪灾成因也是如此。

洪灾引发了党和政府对林业发展战略的深入思考。时任国务院总理朱镕基在考察抗洪工作时指出："洪水长期居高不下，造成严重损失，也与森林过度采伐、植被破坏、水土流失、泥沙淤积、行洪不畅有关。"在灾情还未结束时，国务院就下发了《国务院关于保护森林资源制止毁林开垦和乱占林地的通知》，其中强调："必须正确处理好森林资源保护和开发利用的关系，正确处理好近期效益和远期效益的关系，决不能以破坏森林资源，牺牲生态环境为代价换取短期的经济增长。"在此基础上，党和政府又出台了多项政策，如《国务院办公厅关于进一步加强自然保护区管理工作的通知》《中共中央关于农业和农村工作若干重大问题的决定》等。在这些政策中，党和政府反复强调保护和发展森林资源的重要性以及迫切性。同时，党和政府果断采取措施，实行了天然林保护工程。

进入21世纪后，党和政府又相继实施了退耕还林还草工程、"三北"防护林建设、长江中下游地区重点防护林体系建设、京津风沙源治理、野生动植物保护及自然保护区建设、重点地区速生丰产用材林建设等工程。这几大工程的实施标志着我国林业以生产为主向以生态建设为主的转变。

## 2. 新的发展战略确立（2003—2008年）

《中共中央、国务院关于加快林业发展的决定》标志着我国林业以生态建设为主的发展战略的基本确立。由于林业具有生产周期长、容易破坏、难恢复的特点，进入21世纪后，我国生态问题日益凸显。2003年6月，中共中央、国务院颁布了《关于加快林业发展的决定》，指出我国生态整体恶化的趋势没能根本扭转，土地沙化、湿地减少、生物多样性遭受破坏等仍呈加剧趋势；乱砍滥伐林木、乱垦滥占林地等现象屡禁不止；气候异常，风沙、洪涝、干旱等自然灾害频发，都严重制约了我国经济、社会等各项事业的发展。

随后，在中共中央、国务院出台的一系列政策中，我国反复强调贯彻林业可持续发展战略的重要性。这些政策体现出党和政府对林业建设、生态建设认识的进一步深化。党和国家将林业建设上升到事关国家发展全局、事关应对全球气候变化的战略地位。由此确立了"三生态"林业发展战略思想，即确立以生态建设为主的林业可持续发展道路，建立以森林植被为主体的国土生态安全体系，建设山川秀美的生态文明社会。我国在这一阶段规划了林业建设的目标：力争到2010年使我国森林覆盖率达到20.3%，2020年达到23.4%，2050年达到28%；基本建成资源丰富、功能完善、效益显著、生态良好的现代林业；最大限度地满足国民经济与社会发展对林业的生态、经济和社会需求，实现我国林业的可持续发展。

## 3. 跨越式发展新时期（2008年至今）

中央林业工作会议的召开标志着我国林业建设进入了以生态建设为主的新阶段。为了促进传统林业向现代林业转变，2008年6月，中共中央、国务院颁布了《关于全面推进集体林权制度改革的意见》（以下简称《意见》），《意见》要求用5年左右的时间基本完成明晰产权、承包到户的改革任务。2009年6月，中央召开了中华人民共和国成立60年来的首次林业工作会议，会议研究了新形势下林业改革发展问题，全面部署了推进集体林权制度改革的工作。会上，时任国务院总理温家宝明确指出，林业在贯彻可持续发展战略中具有重要地位，在生态建设中具有首要地位，在西部大开发中具有基础地位，在应对气候变化中具有特殊地位。时任国务院副总理、全国绿化委员会主任回良玉也指出，实现科学发展必须把发展林业作为重大举措，建设生态文明必须把发展林业作为首要任务，应对气候变化必须把发展林业作为战略选择，解决"三农"问题必须把发展林业作为重要途径。这说明党和政府对生态林业建设重要性的认识达到了前所未有的高度。

随着我国工业化、城镇化步伐的加快，毁林开垦和非法占用林地的现象日趋严重，社会经济发展需求与林地供给矛盾十分突出。为此，2010年6月9日，国务院审议通过了《全国林地保护利用规划纲要（2010—2020）》，这是我国第一个中长期林地保护利用规划。其主要从严格保护林地、合理利用林地、节约集约用地的角度提出了适应新形势要求的林地分级、分等保护利用管理新思路。这具有里程碑意义，体现了党和国家全面加强生态建设的决心和意志，也标志着我国林业发展政策由以前"摸着石头过河"，在不断尝试中前进，逐步过渡到了对林业发展规律有了深入认识，注重总体规划和顶层设计的新的历史时期。随着以上政策的出台和实施，我国林业获得了健康的发展，森林资源得到了有效保护和发展，并取得了巨大成就。

### （四）新时代我国林业发展状况

林草兴则生态兴。森林作为陆地生态系统的主体和重要资源，其具有水库、钱库、粮库和碳库功能，是生态文明建设的主战场。推进林业高质量发展，关系生态文明建设和经济社会可持续发展，关系全面建成社会主义现代化强国目标。

经过几十年的努力，我国已成为名副其实的林业大国。全国森林面积从20世纪70年代初的18.28亿亩（1亩约666平方米）增加到2023年的34.65亿亩，森林覆盖率从12.7%提高到24.02%，森林蓄积量从85.56亿立方米增长到194.93亿立方米，是同期全球森林资源增长最快最多的国家。特别是人工林保存面积达13.14亿亩，居全球第一，创造了人类生态建设史上的奇迹。林草植被总碳储量达114.43亿吨，对全球森林碳汇作出了巨大贡献。同时，林草产业总产值达9.28万亿元，林产品进出口额超过1900亿美元，我国已经成为全球林产品生产、贸易、消费第一大国。

然而，我国仍不是林业强国。在森林质量、林地生产力、林产品供给等方面，我国与林业发达国家存在较大差距。森林中人工林比例偏高，结构功能单一，稳定性和抵御灾害能力较弱，总体质量较低。每公顷森林平均蓄积量约为世界平均水平的70%，仅为巴西的一半，不到德国的1/3；每公顷年均生长量为林业发达国家的一半多。同时，我国木材资源严重短缺，供需结构性矛盾突出，木材对外依存度已经超过50%，木本粮油、森林食品等非木质林产品供给也难以满足国内日益增长的需求。

从总体来看，我国过去长期以木材生产为中心，这段历史时期有着一定的合理性甚至是必要性。随着实践发展和认识的转变，林业生态效益与经济效益相对立的观点逐步被破除，未来林业建设的方向应该是：进一步解放思想，妥善处理林业建设中经济效益与生态效益的关系，积极探索能够实现两者之间共赢的最佳切入点和载体，实现两者之间的良性互动；在坚定以生态建设为主的林业发展战略的同时，推动林业经营方式改革，提高林业生产力水平，最大限度地满足经济社会发展对木材及林产品的需求。

## 第三节 中华人民共和国林业建设的主要成就与经验

### 一、林业建设的主要成就

中华人民共和国成立70年来，我国林业建设在探索中前进，在改革中发展。尤其是自改革开放后，林业在管理体制、经营机制、组织形式、经营方式、产业结构等方面进行了富有成效的改革和调整，林业生态体系、产业体系和生态文化体系建设取得了长足的发展。

（一）全面构建林业生态体系为维护国家和全球生态安全作出了重大贡献

建立完善的林业生态体系，发挥林业巨大的生态功能是发展现代林业的首要任务，也是维护生态安全、建设生态文明的重要基础。1978年以来，党中央、国务院采取了一系列有效措施，全面加强林业生态体系建设，为维护中华民族生存根基和全球生态安全作出了突出贡献。

1. 我国是世界上森林资源增长最快的国家

（1）大力发展人工林

《中国森林资源报告（2014—2018）》显示，目前，我国人工林面积为7954.28万公顷，全球增绿四分之一来自中国。中国是世界上人工林面积最大的国家，发展人工林对森林碳汇作用巨大。我国森林资源中幼龄林面积占森林面积的60.94%，中幼龄林处于高生长阶段，伴随森林质量不断提升，具有较高的固碳速率和较大的碳汇增长潜力。这些变化对我国二氧化碳排放力争2030年前达到峰值，2060年前实现碳中和都具有重要作用。

（2）大力保护天然林

为了保护我国珍贵的天然林资源，国家实施了天然林资源保护工程，全面停止长江上游、黄河上中游地区天然林的商品性采伐，大幅度调减东北、内蒙古等重点国有林区天然林采伐量，有效地保护了大量的森林。

（3）大力实施退耕还林还草政策

退耕还林还草是党中央、国务院站在中华民族长远发展的战略高度，着眼于经济社会可持续发展大局，为修复国土生态、实现长治久安作出的重大决策。自1999年试点以来，我国先后在25个省（自治区、直辖市）和新疆生产建设兵团开展了两轮退耕还林还草，累计实施退耕地还林还草和配套荒山荒地造林种草5亿多亩，为全球增绿的贡献率超过4%。截至2023年，中央累计投入5815亿元，惠及4100万农户、1.58亿农民，为维护我国生态安全、助推脱贫攻坚和乡村振兴、促进农村改革发展稳定发挥了重要作用，成为享誉全球的成功典范。

森林资源总量的持续增长，使我国吸收二氧化碳的能力显著增强。《中国应对气候变化国家方案》指出，1980—2005年中国造林活动累计净吸收约30.6亿吨二氧化碳，森林管理累计净吸收16.2亿吨二氧化碳，通过减少毁林少排放4.3亿吨二氧化碳，共计51.1吨二氧化碳。国际著名专家评估表明，中国是世界上森林资源增长最快的国家，吸收了大量二氧化碳，为中国乃至全球经济社会可持续发展创造了巨大的生态价值。

2. 治理和改善荒漠生态系统，土地沙化趋势得到了初步遏制

我国是土地沙化危害最严重的国家之一。为遏制土地沙化，我国坚持科学防治、综合防治、依法防治的方针，实施了三大重点治理工程。

（1）实施"三北"防护林体系建设工程

"三北"防护林体系建设工程是指在中国"三北"地区（西北、华北和东北）建设的大型人工林业生态工程。中国政府为改善生态环境，于1979年决定把这项工程列为国家经济建设的重要项目。工程规划期限为73年，分八期进行，现已经启动第六期工程建设。

工程建设范围囊括了"三北"地区13个省（自治区、直辖市）的725个县（旗、区），总面积达435.8万平方公里，占中国国土总面积的45%，在国内外享有"绿色长城"之美誉。

2024年3月，国家林草局部署"三北"工程种苗保供工作。中央财政通过统筹存量和增量资金，加大对"三北"工程建设支持力度，新设"三北"工程补助资金，并已在2024年预算中安排120亿元。

（2）保护和恢复湿地生态系统，不断增强湿地的生态功能

截至2023年，我国湿地面积约5635万公顷，有82处国际重要湿地（其中香港1处）、58处国家重要湿地、903处国家湿地公园、13个国际湿地城市。改革开放以来，我国制定了抢救性保护自然湿地、制止随意侵占和破坏湿地等一系列政策，实施了湿地保护工程。随着各种政策的实施，我国水源涵养等生态功能不断增强。我国政府先后获得了"献给地球的礼物特别奖""全球湿地保护与合理利用杰出成就奖""湿地保护科学奖""自然保护杰出领导奖"等国际荣誉。

（3）全面保护生物多样性，使国家最珍贵的自然遗产得到有效保护

物种是最珍贵的自然遗产和生态平衡的基本因子，维护物种安全是可持续发展的重要标志。为了加强野生动植物和生物的多样性保护，我国颁布了《中华人民共和国野生动物保护法》《中华人民共和国野生植物保护条例》等法律法规，建立了各类自然保护区，覆盖了15%以上的陆地国土面积，超过了世界平均水平。建立了多处野生植物种质资源保育、基因保存中心和多家植物园、树木园，已初步形成了类型齐全、功能完备的自然保护区网络体系。多种珍稀濒危野生动植物和珍贵树木的主要栖息地、分布地得到了较好的保护，大熊猫等濒危野生动物种群数量不断扩大，有效保护了90%的陆地生态系统类型、85%的野生动物种群和65%的高等植物群落。

## （二）加快建设林业产业体系，为国民经济发展和农民增收发挥了重要作用

建设发达的林业产业体系，发挥林业巨大的经济功能是现代林业建设的重要任务，也是建设生态文明的重要物质基础。改革开放以来，我国林业产业在曲折中发展、在开拓中前进、在调整中完善，从小变大、由弱渐强，取得了显著成绩。

### 1. 产业规模不断扩大

2013年,全国林业产业总产值达到了4.46万亿元,木材、松香、人造板、木竹藤家具、木地板和经济林等主要林产品产量稳居世界第一。同时,产业集中度大幅提升。全国规模以上林业工业企业超过了15万家,产值占全国的70%以上,广东、福建、浙江、山东、江苏等五省林业产业总产值占全国的一半左右,龙头企业培育初见成效,依托自然资源和具有区域特色的产业集群已逐步形成。

### 2. 新兴产业异军突起

近年来,在传统林业产业继续巩固的同时,竹藤花卉、森林旅游、森林食品、森林药材等非木质产业迅速发展,野生动植物繁育利用、生物质能源、生物质材料等一批新兴产业异军突起。全国林草产业总产值超过9.2万亿元,经济林产量达到2.26亿吨,林产品成为继粮食、蔬菜之后的第三大农产品。

### 3. 特色产业不断壮大

不同地区的特色支柱产业不断发展,有力地促进了区域经济繁荣、农民增收和社会就业。例如,2007年,陕西省继苹果形成支柱产业后,花椒产业也成了新的经济增长点,韩城市花椒产值占林业总产值的95%以上,有11万农民靠花椒实现了脱贫致富。江苏省邳州市大力培育杨树和银杏产业,林业年产值达到了140多亿元。山东省滨州市沾化区仅冬枣一项就实现了年销售收入18亿元,枣农人均收入超过了6000元。

## (三)大力发展生态文化体系,全社会的生态文明观念不断强化

改革开放以来,在林业生态体系和产业体系建设取得重大进展的同时,党和政府高度重视生态文化发展,生态文化体系建设明显加强,人与自然和谐相处的生态价值观开始在全社会形成。

### 1. 生态教育成为全民教育的重要内容

2004年,国家林业局(今国家林业和草原局)颁布了《关于加强未成年人生态道德教育的实施意见》,坚持每年开展"关注森林""保护母亲河"和"爱鸟周"等行动,在植树节、国际湿地日、防治荒漠化和干旱日等重要生态纪念日,深入开展宣传教育活动。在电视频道开办了"人与自然""绿色时空""绿野寻踪"等专题节目,创办了《中国绿色时报》《中国林业》《森林与人类》《国土绿化》《生态文化》等报刊。树

立了林业英雄马永顺、治沙女杰牛玉琴和治沙英雄石光银、王有德等先进模范人物,坚持用榜样的力量推动生态建设。

2. 生态文化产品不断丰富

"创建国家森林城市"等各种文化活动的举办极大地丰富了生态文化内涵。同时,我国还举办了全国野生动植物保护成果展、绿色财富论坛、生态摄影展、文艺家采风和生态笔会、绿化、花卉、森林旅游等专类博览会等活动,出版了《党和国家领导人论林业与生态建设》《生态文明建设论》《生态文化建设论》《森林与人类》等专著,形成了一批有价值的研究成果。《中华大典——林业典》编纂和林业史料收集整理工作全面启动。制作播出了11集大型系列专题片《森林之歌》,赢得了社会好评;电影《天狗》和电视专题片《保护湿地》荣获了2007年度华表奖。

3. 生态文化基础建设得到加强

到2019年为止,我国已建成了国家级森林公园897处,确立了上百处国家生态文化教育基地。2007年,首个生态文明建设示范基地——湄洲岛生态文明建设示范基地正式建立,国家级特大型综合植物园——秦岭国家植物园工程开工。此外,我国还建设了一批森林博物馆、森林标本馆、城市园林等生态文化设施,保护了一批旅游风景林、古树名木和革命纪念林。

## 二、林业建设的重要经验

我国经过改革开放多年来林业建设的实践,初步探索出了一条适合中国国情、林情的林业发展道路,为林业在21世纪取得更大的发展积累了宝贵的经验。

1. 坚持把解放思想作为现代林业发展的重要前提

解放思想、与时俱进是事业不断取得胜利的重要思想武器。改革开放以来,我国林业之所以能够得到持续快速的发展,取得巨大的成就,创造成功的经验,甚至有很多方面在世界上处于领先地位,就在于坚持了解放思想、实事求是的思想路线,不断破除阻碍林业发展的旧观念,消除束缚林业发展的思想羁绊,提出了"在发展中保护、在保护中发展""生态中有产业、产业中有生态""兴林为了富民、富民才能兴林"等许多新理念,为林业发展打开了广阔的视野。

## 2. 坚持把深化改革作为现代林业发展的根本动力

只有深化改革才能激发林业的内在活力，增强林业发展的动力；只有深化改革才能理顺生产关系，解放发展林业生产力。改革开放以来，各级林业部门坚定不移地推进以林业产权制度改革为重点的各项改革，不断调整完善林业政策和机制，有效激发了林业发展的内在活力。

## 3. 坚持把建设生态文明作为现代林业发展的战略目标

林业是生态文明建设重要的物质基础，也是重要的文化载体。建设现代林业就是按照建设生态文明的要求努力构建三大体系（林业生态体系、林业产业体系和生态文化体系），提升三大功能（生态功能、经济功能和社会文化功能），发挥三大效益（生态效益、经济效益和社会效益），以林业的多种功能满足社会的多样化需求，从而使林业发展的方向更好地适应建设生态文明的要求。

## 4. 坚持把兴林富民作为现代林业发展的根本宗旨

兴林富民是国家、集体和个人多方利益的最佳结合点。只有兴林才能不断夯实富民的资源基础，只有富民才能不断壮大兴林的社会基础。在林业发展实践中，各级林业部门坚持在兴林中富民、在富民中兴林，充分调动了广大林农群众和林业职工发展林业的积极性，为林业发展增添了动力和活力。

## 5. 坚持把实施重点工程作为现代林业发展的重要途径

重点工程是国家投资的载体。发展现代林业必须坚持工程带动战略，带动各种生产要素向林业流动。改革开放40多年来，国家先后实施了一批林业重点工程，优化了林业生产力布局，解决了林业长期投入不足的问题，为林业发展提供了有力保障。

## 6. 坚持把依法治林和科技兴林作为现代林业发展的重要手段

发展现代林业，必须全面加强法治建设，充分发挥科技的支撑、引领和带动作用。我国林业法治建设不断完善，基本建立了较为完备的林业法律法规体系、行政执法体系、监督检查和普法体系。林业科技支撑能力不断增强，科技对林业发展的贡献率不断提高，为林业又好又快地发展提供了有力支撑。

## 7. 坚持把国际合作作为现代林业发展的重要力量

我国林业对外科技交流、经济贸易、对外承包和海外开发森林不断增加。我国加入了《濒危野生动植物种国际贸易公约》《湿地公约》《联合国气候变化框架公约》《生物多样性公约》《联合国防治荒漠化公约》和《国际植物新品种保护公约》等公约,在促进全球林业发展和生物多样性保护方面发挥了重要的作用。

## 第四节 我国现代林业发展面临的机遇与挑战

随着经济全球化和林业国际化进程的不断加快,国内外日新月异的林业发展趋势为我国现代林业带来了前所未有的发展机遇与挑战。

### 一、世界林业发展趋势给林业发展带来的机遇

#### (一)促使人们对林业生态战略地位的认识更加深化

当今世界,环保理念深入人心,保护和改善生态环境是全人类面临的共同挑战。日益恶化的生态环境所造成的资源枯竭和经济贫困化已危及了社会经济体系的稳定,引起了国际社会的广泛关注,成了21世纪人类生存与发展的重大问题。

森林是陆地生态系统的主体,是自然界最丰富、最稳定和最完善的储碳库、基因库、资源库、蓄水库和能源库,具有调节气候、涵养水源、保持水土、防风固沙、改良土壤、减少污染等多种功能,对改善生态环境、维持生态平衡、保障人类生存发展起着决定性的和不可替代的作用。在各种生态系统中,森林生态系统对地球上生物界特别是对人类的影响最直接、最重大、最关键,离开了森林的庇护,人类的生存与发展就会失去依托。

随着全球自然资源的日益匮乏和生态环境的持续恶化,森林以其巨大的、不可替代的作用成了当今世界环境与发展的核心与焦点。以森林为经营对象的林业,以其保护性和生产性的特征积极参与和协调社会—经济—环境大系统的循环,因此其在全球人口、环境与发展格局中的地位和作用越来越受到国际社会的普遍关注。特别是1992年6月联合国环境与发展大会以后,森林问题全球化就成了大势所趋。与林业有关的具有法律约

束力的国际公约、协定、议定书以及目前暂不具备法律约束力的国际林业章程和相关国际组织森林准则对各国林业的发展正在产生着不同程度的影响，林业已不仅仅是某一区域和国家自己的事务，而是关系到世界环境与发展的全球化问题。积极帮助发展中国家发展林业，保护森林也逐渐成了发达国家的共识。正如联合国环境与发展大会秘书长莫里斯·斯特朗（Maurice Strong）所提出的，"在推动环境与经济领域一体化这件事情上，为协调国家利益和全球范围的环境保护利益方面取得一致意见，没有任何别的问题比林业更重要的了"。国际社会对林业的普遍重视将使中国政府和广大群众对林业战略地位的认识更加深刻，对现代林业的发展更加关注。

### （二）促使森林资源达到消长平衡已成为林业的发展目标

自20世纪70年代以来，世界森林资源呈现出了两种截然不同的消长趋势，即发展中国家的森林资源大幅度下降，发达国家的森林资源缓慢增加。尤其是在1992年6月联合国环境与发展大会召开后的10年间，全球平均每年消失的森林面积仍达到900万公顷左右，而且这种趋势仍将持续相当长的时间。努力遏制全球森林资源下降，促使全球森林资源消长平衡，扭转和改善全球生态环境持续恶化的局面已成了世界各国林业发展的共同目标。

我国在世界上仍属发展中国家，但作为一个负责任的发展中国家，为履行国际义务，多年来都十分重视对森林资源消耗的调控工作。据2014年全国第八次森林资源清查汇总结果显示，目前我国森林面积和蓄积量已实现了"双增长"，森林覆盖率持续增加，活立木生长量大于消耗量，用材林生长量与消耗量基本持平，且略有节余。

我国还十分重视扩大森林面积和增加森林资源。我国仍然是一个缺林少绿、生态脆弱的国家，森林覆盖率远低于全球31%的平均水平，人均森林面积仅为世界人均水平的1/4，人均森林蓄积量只有世界人均水平的1/7，森林资源总量相对不足、质量不高、分布不均的状况仍未得到根本改变，林业发展还面临着巨大的压力和挑战。特别是西部地区更是缺林少绿，为此我国一直将加快西部少林地区林业发展作为增加森林资源的一个主要途径。西部具有大力发展林业的广阔地域空间，又是整个国家发展战略中保护和发展的重点地区，因此在此发展林业必然会得到国家的重视和扶持。

## (三）强调生态优先，实施可持续经营

林业的可持续发展主要取决于森林的可持续经营，因此解决森林的可持续经营问题就成了解决环境与发展问题最主要和最直接有效的途径和手段。

森林经营理论自诞生以来，为适应经济社会发展及生态环境保护对林业发展的要求，一直处于不断发展和完善之中，先后经历了"森林永续经营理论"，以森林永续收获为核心的"法正林理论""近自然林业理论"和20世纪80年代末才提出的"森林生态系统经营理论"等的不断丰富、补充和完善的过程。但是，促使森林经营理论真正变革的是1992年联合国环境与发展大会。在此次会议上，世界各国首脑签署了《21世纪议程》《关于森林问题的原则声明》，形成了可持续发展和森林可持续经营理论，将可持续经营作为森林经营和林业发展的目标，把当代人的利益和后代人的利益，把林业的经济效益、生态效益和社会效益全部纳入了决策的视野，对其给予了同样的重视；将林业发展与社会整体、全局和长远利益有机地结合起来，极大地丰富和发展了森林经营理论的内涵。同时，随着人们对森林功能认识的进一步提高，森林利用逐渐由以采伐天然林为主向以采伐人工林为主转变，由以工业利用为主向以生态效益为主、发挥森林多种效益的方向转变。林业在国民经济和社会发展中的主体地位和重要作用也相应地发生了变化，林业的生态公益效能不断增强。

为适应国际社会与本国对林业发展和生态环境保护的要求，世界各国纷纷调整林业发展战略，将森林可持续经营作为各国林业发展的指导思想和理论基础。尽管各国调整的广度和深度因社会经济发展水平的不同存在着很大差异，但其共同点都是森林经营，并且更加强调和注重发挥森林的生态和社会效益。这一森林经营理念的确立和弘扬将给现代林业的发展带来极大的鼓舞和鞭策。

## （四）发展林业是缓解资源供需矛盾和保护生态环境的重要手段与途径

人口、经济的持续增长对资源、环境的压力日益加重，使得世界木材和林产品的供需矛盾日趋突出。全球天然林资源，特别是热带雨林资源数量的减少和质量的急剧下降已引起了国际社会的普遍关注。大力发展和营造人工林，并积极推动社会林业（包括乡村社会林业、城市社会林业和特殊社区林业等3种类型）的发展不仅能够大幅度增加木材及林产品产量，以缓解供需矛盾，还能够迅速建立起卓有成效的国家森林生态防护体

系并保障天然林不致减少，同时还能积极促进区域经济发展，以解决当地劳动力就业的问题。因此，自20世纪中叶以来，特别是近三四十年来，不论是发达国家还是发展中国家，不论是森林资源较少的国家还是森林资源丰富的国家，都非常重视发展人工林和社会林业，将大力营造人工林和加快社会林业发展作为一种既能满足经济社会发展需要，又是保护和改善生态环境的重要手段和途径。

我国是世界上人工造林和人工造林保存面积最大的国家，但同时也是世界上人口第二多的国家和世界上人均森林资源较少的国家。据全国第八次森林资源清查结果显示，我国森林资源总量相对不足，质量也不太高，而分布不均的状况也还没有得到根本的改变。因此，大力发展人工林，加快社会林业发展将是我国林业发展的一个主要方向。随着国家对林业和生态建设投入的力度不断加大，其将为我国加强天然林保护，大力发展人工林和加快社会林业发展带来新的机遇。

## 二、可持续发展战略给林业发展带来的机遇

### （一）国家实施可持续发展要求加快了林业的发展

可持续发展是社会、经济、人口、资源、环境的协调发展和人的全面发展，它主张世界上任何地区、任何国家的发展不能以损害别的地区、别的国家的发展能力为代价，主张当代人的发展不能以损害后代人的发展能力为代价。

我国是一个人口基数大、人均资源少、生态环境先天脆弱，而经济发展处于高速增长期的发展中国家。为避免重蹈发达国家以资源与环境换取经济发展的覆辙，我国政府一直以来都十分重视国民经济和社会需要与资源、生态环境的协调发展。

与此同时，我国紧锣密鼓地制定了一系列法律法规以及各重点领域的目标与行动纲领，把可持续发展贯穿到了整个国家的经济建设、社会公平、文明进步、生态建设、环境保护的各个领域，落实到了国家的经济建设和社会发展计划与远期规划中。最高决策层对实施可持续发展战略的全面推行以及所取得的辉煌成就高度体现了"一个民族对于自身发展的审慎选择；一个时代对于生态环境的整体关怀；一个国家对于全球思考的伟大贡献"。

## （二）可持续发展战略赋予林业以重要地位，林业面临着快速发展机遇期

在影响可持续发展的3个因素中，与林业密切相关的就占了两个：一个是资源，一个是环境；林业独具的自然性、可再生性、低能性和环境友好性决定了林业作为经济社会可持续发展与生态环境资源可持续利用的桥梁，其所具有的特殊作用是任何部门与行业都不具备的优势。因此，林业既是一项重要的社会公益事业，又是一项重要的基础产业，肩负着改善生态环境、维护国家生态安全和促进经济发展的双重重大使命，在人类经济社会持续发展的全局中居于特殊、重要的地位。2003年，中共中央、国务院《关于加快林业发展的决定》中指出："在贯彻可持续发展战略中，要赋予林业以重要地位；在生态建设中，要赋予林业以首要地位；在西部大开发中，要赋予林业以基础地位。"

### 1. 林业维护着国家和区域生态安全，林业的战略地位进一步凸显

经济和社会的可持续发展必要要具有良好的生态环境条件，只有环境系统源源不断地为经济系统提供物质和能量，才能使经济和社会的可持续发展成为可能。也就是说，资源的可持续利用和持续良好的生态环境是经济和社会可持续发展的物质基础。

森林是地球生命系统的支柱，是维护陆地生态平衡、促进生态良性循环的重要调节器。林业是以土安全、水安全、环境安全、生物安全等为主体的国家生态安全体系的基础和纽带，是生态建设的主体，承担着维护国家生态安全的重大使命。没有林业的持续发展，就不可能有持续良好的生态环境，也就不可能实现经济和社会的可持续发展。

我国是一个生态环境十分脆弱的国家，水患、沙患已成为我国人民的心腹大患。据2020年统计，我国人均水资源储量只有2100立方米，仅为世界人均水平的28%，比人均耕地占比还要低12个百分点；全国年平均缺水量为500多亿立方米，三分之二的城市缺水，农村有近3亿人口饮水不安全；全国荒漠化土地占国土陆地面积的27.2%，而且每年增长。因此，抓紧建设以森林植被为主体、乔灌草相结合的国土生态安全体系，减缓温室效应，治理水土流失，遏制荒漠化，保护生物多样性，是国家和区域可持续发展赋予林业的重大历史使命。

### 2. 森林产出丰富，社会需求巨大，林业发展前景广阔

林业不仅是一项重要的社会公益事业，还是一项无可替代的重要基础产业和新世纪的朝阳产业，对人类经济社会的发展具有极为重要的作用。具体有以下几点：

第一，林业为人类经济社会的发展提供了重要的、不可替代的物质基础。一是作为

当今四大原材料之一的木材正成为一种越来越宝贵的战略物资，成为支持经济社会发展的重要基础；二是林业可提供丰富的绿色产品，对满足人们的绿色消费需求起到了重大的作用；三是林业能够对传统农业起到有益的补充，极大地丰富和提高了人们的生活质量；四是林业提供的木质能源是解决农村用能的一个重要途径。

第二，林产品功能和结构上的多样性决定了林业是区域经济尤其是农村经济的重要组成部分。一是林业可以改善农牧业和农村生态环境，为培育绿色食品和农牧民增收创造良好的条件；二是林业能够持续不断地生产各种木本粮油和大量优质的木材、竹材、干鲜果品、森林蔬菜、食用菌类、中药材、花卉、饲料及大量工业原料，是农民实现增产、增收的重要途径；三是林业产业的发展对带动农村种植业、畜牧业和加工服务业的结构调整具有极为重要的作用。

第三，生态环境已成为当今世界一个国家、一个地区、一个城市综合竞争力的重要组成部分。环境是一个国家、地区或城市的生命，如果没有一个良好的环境，这个国家、地区或城市自身的生存不但会受到威胁，而且也不可能带来强大的游客流、信息流和资金流，更谈不上正常有序地发展和扩张。要建设一个经济繁荣、社会稳定、环境优美的现代化国家、地区或城市，就必须把生态环境的保护和建设放在首位，只有改善了生态环境，才能更好地引进资金、技术和人才，才能加快当地经济和社会的发展。要保证经济的持续高速发展，就需要吸引更多外来的人力、物力和财力，将其投入到经济的开发之中，也就必须更加注重生态保护和林业建设，为增强综合实力和竞争力创造更好的软环境。

第四，林产品贸易也是国际贸易的重要组成部分，是一个国家林业竞争力的一个重要方面，林产品出口贸易更是一个国家综合国力和竞争力的体现。

第五，林业生态产业是新世纪的朝阳产业，也是现代林业产业的根本方向和重要内容。一是随着人们物质生活水平的提高以及生态意识的增强，公众呼唤优美的环境、清新的空气、高质量的饮用水和无污染的绿色产品的要求也越来越强烈，人们对林业的主导需求已发生了根本性的变化，生态和社会需求已占据了主导地位，给林业生态产业的内涵和外延带来了很大的发展空间；二是以林为主的多元化林业生态产业方兴未艾，并在促进生态建设和地方经济发展方面有了长足发展；三是作为典型的林业生态产业之一的非木质林产品的生产，已成了保护森林资源、提高农民收入、增加就业机会和保障社会稳定的重要补充手段，并已引起了国际社会的高度重视。

### 3. 林业有利于促进人类的文明与进步

文明是人类社会实践活动中进步、合理成分的积淀，它的发展水平标志着人类社会生存方式的发展变化。生态文明是指人类在物质生产和精神生产中充分发挥人的主观能动性，按照自然生态系统和社会生态系统运转的客观规律，建立起人与自然、人与社会的良性运行机制和协调发展的社会文明形式。生态文明建设的主要目标是使自然生态系统和社会生态系统最优化和良性运行，实现生态、经济、社会的可持续发展，其核心内容就是实现人与自然和谐相处、共生共荣、共同发展。

大自然孕育了人类，人类则在认识自然、改造自然的过程中创造了一个又一个光辉灿烂的文明。森林是人类文明的摇篮，是人与自然和谐相处的主要载体，也是人类社会持续存在的基础。森林作为人类社会这个大生态系统的一员，与系统中其他成分之间相互作用，有着密切的关系，不但时刻影响着我们生存环境的好坏，而且对我们的生活质量也具有极为重要的作用。人类的衣食住行与森林均有千丝万缕的联系，无不在消费着森林资源或林产品；反过来，我们人类的活动也无时无刻不在影响着森林的数量和质量。森林的繁茂曾经孕育了人类的古代文明，森林的衰亡也必将影响着人类现代文明前进的步伐。人类社会发展的历史证明，人类的文明进程与森林兴衰息息相关，一个国家森林的消亡就意味着这个国家的消亡。森林是林业发展的主体资源，林业兴则生态兴，生态兴则文明兴。发达的林业是促进人类文明的基础，是实现生态文明的保障，更是国家富足、民族繁荣和社会进步的重要标志。

为此，我们既要生产发展、生活富裕的小康社会和现代化的物质文明，又要蓝天碧水、净土和生物多样的生态文明；既要为今天的发展尽力，又要把绿水青山留给子孙后代。随着现代文明的发展，人们对环境与资源基础支撑的依存度也在不断增加，只有加强环境与资源保护，后代的生存和发展才能获得长久的支撑能力。加快林业发展，增加森林资源，改善生态环境，保障生态安全，储备后续产业，建成具有多功能的林业生态体系和产业体系，就是坚持以人为本，统筹人与自然和谐发展，加快社会文明发展步伐的具体体现。

## 三、现代林业面临的挑战

我国现代林业发展既拥有前所未有的历史机遇,又面临着严峻的挑战。

### (一)进一步解放思想观念面临的挑战

尽管随着改革开放的不断深入,人们的思想观念发生了很大变化,林业也有了较大发展,但仍有不少地方的领导干部和群众不善于站在全局和长远的利益上去分析、解决问题,把发展林业、改善当地生态环境错认为只是国家的事情,存在着"不给钱不造林"的保守、封闭、狭隘观念,以及"给多少钱、造多少林",一味依赖国家的等、靠、要思想。这是加快林业发展道路上必须首先解决的重要问题。

### (二)森林问题全球化带来的挑战

森林问题全球化是一把双刃剑,既给世界各国林业的发展带来了机遇,同时也带来了严峻的挑战,尤其对于发展中国家,会给其带来很大的压力。纵观人类经济社会的发展,无一不是建立在资源开发和利用的基础上。我国是发展中国家,在我国经济社会发展滞后的省份,一方面要努力发展经济;另一方面又要履行国际义务,全面保护和恢复生态环境。在这种背景下,林业发展必然会面临森林问题全球化的巨大压力和挑战。

### (三)进一步深化林业改革面临的挑战

林业发展缓慢的一个重要原因就是林业生产关系不适应林业生产力的发展,要加快林业发展就必须从全局出发,解放思想,与时俱进,对制约林业发展的体制、机制和政策,特别是在林业发展政策、林业产业政策、林业分类经营、国有林场圃管理体制等方面进行重大调整和改革。这将会对现有林业的体制、机制和政策构成巨大冲击,会受到方方面面和形形色色的阻挠,这成为了林业发展的一个重大阻碍。

### (四)生态和社会需求进一步加大带来的挑战

随着人们物质文化生活水平的提高,人们对林业的生态和社会需求进一步加大。进入21世纪以来,人类对生存环境的总体需求是返璞归真,回归自然,建立人与自然的和谐关系。人们对国土大环境的向往是实现山川秀美、生态良好，对生存小环境的向往是绿化、美化、净化，人们的时尚追求是走进自然进行生态休闲。林业既肩负着维护国土生态安全的重任，又要满足人们日益增长的生态和社会需求，这无疑会给林业的快速发展带来很大的压力。

### （五）经济发展带来的挑战

林业在国民经济中所占比重很小，在社会经济发展中，林业发展会遇到各种矛盾，在资金投入上也势必会遇到激烈的竞争。一是林牧矛盾。传统的牧业生产方式对保护和发展林业资源的压力很大，是限制林业快速发展的主要因素。二是林农矛盾。由于农民对林业的认识不足，一方面极个别地方仍然存在着毁林开垦现象；另一方面一些农民对农田防护林存在偏见，导致产生林农争地矛盾，客观上对林业的快速发展带来了一定的影响。三是林业与其他行业发展的矛盾。在社会发展中，其他行业的发展可能会征用一定的林业用地，这对林业的发展也会产生一定的影响。四是林业资金投入上会遇到激烈竞争。一方面客观上各行各业都需要发展；另一方面主观上的自然条件差决定了林业具有投入大、周期长、见效慢、直接经济效益低等特点；在争取资金投入上将会遇到激烈的竞争，从而对林业的快速发展带来很大的影响。

# 第二章 林业发展的理论基础

## 第一节 区域经济发展理论

区域经济理论是研究生产资源在一定空间（区域）优化配置和组合，以获得最大产出的学说。生产资源是有限的，但有限的资源在区域内进行优化组合，可以获得尽可能多的产出。正是由于不同的理论，对于区域内资源配置的重点和布局主张不同，以及对资源配置方式选择不同，因此形成了不同的理论派别。

### 一、区域经济平衡发展理论

平衡发展理论，是以哈罗德—多马新古典经济增长模型为理论基础发展起来的。其中又有两种代表性理论，即罗森斯坦—罗丹的大推进理论和纳克斯的均衡发展理论。大推进理论的核心是外部经济效果，即通过对相互补充的部门同时进行投资，一方面可以创造出互为需求的市场，解决因市场需求不足而阻碍经济发展的问题；另一方面可以降低生产成本，增加利润，提高储蓄率，进一步扩大投资，消除供给不足的瓶颈。平衡发展理论认为，落后国家存在两种恶性循环，即供给不足的恶性循环（低生产率—低收入—低储蓄—资本供给不足—低生产率）和需求不足的恶性循环（低生产率—低收入—消费需求不足—投资需求不足—低生产率），而解决这两种恶性循环的关键，是实施平衡发展战略，即同时在各产业、各地区进行投资，既促进各产业、各部门协调发展，改善供给状况，又在各产业、各地区之间形成相互支持性投资的格局，不断扩大需求。因此，平衡发展理论强调产业间和地区间的关联互补性，主张在各产业、各地区之间均衡部署生产力，实现产业和区域经济的协调发展。

平衡发展理论的出发点是为了促进产业协调发展和缩小地区发展差距。但是一般区域通常不具备平衡发展的条件，欠发达区域不可能拥有推动所有产业同时发展的雄厚资金，如果少量资金分散投放到所有产业，区域内优势产业的投资就得不到保证，不能获得好的效益，其他产业也不可能发展起来。即使是发达区域，也会由于所处区位以及拥有的资源、产业基础、技术水平、劳动力等经济发展条件不同，不同产业的投资会产生不同的效率，因而也需要优先保证具有比较优势的产业的投资，而不可能兼顾到各个产业的投资。所以平衡发展理论在实际应用中缺乏可操作性。

## 二、区域经济不平衡发展理论

不平衡发展理论，是以阿尔伯特·赫希曼（Albert Otto Hirschman）为代表提出来的。他认为，经济增长过程是不平衡的。该理论强调经济部门或产业的不平衡发展，并强调关联效应和资源优化配置效应。在他看来，发展中国家应集中有限的资源和资本，优先发展少数"主导部门"，尤其是"直接生产性活动"部门。不平衡发展理论的核心是关联效应原理。关联效应就是各个产业部门中客观存在的相互影响、相互依存的关联度，并可用该产业产品的需求价格弹性和收入弹性来度量。因此，优先投资和发展的产业，必定是关联效应最大的产业，也是该产业产品的需求价格弹性和收入弹性最大的产业。凡有关联效应的产业——不管是前向联系产业（一般是制造品或最终产品生产部门）还是后向联系产业（一般是农产品、初级产品生产部门）——都能通过该产业的扩张和优先增长，逐步扩大对其他相关产业的投资，带动后向联系部门、前向联系部门和整个产业部门的发展，从而在总体上实现经济增长。

不平衡发展理论遵循了经济不平衡发展的规律，突出了重点产业和重点地区，有利于提高资源配置的效率。这个理论提出以后，被许多国家和地区所采纳，并在此基础上形成了一些新的区域发展理论。

我国地域辽阔，内部差异很大，为了加快发展，同样应当实施不平衡发展战略。不平衡发展理论主要从现有资源的稀缺性角度指出了平衡发展的不可行性，强调应重点发展重点地区和重点部门来带动整个区域经济的发展。区域不平衡发展理论中，具有代表性的理论有以下几种：

## （一）增长极理论

增长极理论是"二战"后影响最深刻、应用最广泛的区域不平衡发展学说，其无论在发达国家还是发展中国家都得到了较好的验证。这一理论的基本主张是：通过建立具有创新功能、示范和扩散效应的增长极（如中心城市、特定的区域等），依赖其空间组织作用，牵动周围地区的经济发展。这一理论最早是由法国经济学家佩鲁（F. Perrou）提出的。他认为，增长并非同时出现在所有的地方，它以不同的强度首先出现于一些增长点或增长极上，然后通过不同的渠道向外扩散，并对整个经济产生不同的最终影响。他进一步指出，增长极的形成有两种途径：一种是由市场机制自发调节，市场引导企业和行业在某些大城市与发达地区聚集而自动产生增长极；一种是由政府通过经济计划和重点投资来主动建立增长极。根据他的观点，"极"是工厂或厂商，而不是地理区位。佩鲁增长极理论所关心的主要是增长极的结构特点，尤其是产业间的关联效应，但忽视了增长极的空间含义。20世纪60年代初，罗德文（L. Rodwin）首次将增长极理论应用于区域规划中，提出了增长极的空间含义。

增长极理论出现后，曾一度成为发展中国家和欠发达地区的区域规划中应用最广泛的一种战略。这种"集中的分散化"战略也得到了联合国的支持，它的应用迅速地从西欧、北美传递到了拉丁美洲、东南亚各国。发展中国家普遍采用该战略的目的是希望将工业化扩展到农村地区，并通过解决地区不发达问题促进区域平衡发展。总体上，该理论是以发达的市场经济体制为背景的。由于各地区在经济体制和发展等方面客观上存在着差异，增长极理论在实践中效果并不显著。改革开放以来，我国实施的沿海地区发展战略就是以沿海地区的经济特区和开放城市为增长极，并由此取得了率先突破，带动了全国经济的高速度发展，这说明增长极理论同样适用于我国。

## （二）累积因果关系理论

瑞典经济学家缪尔达尔（Gunnar Myrdal）针对增长极理论的缺陷，运用动态的非均衡分析和结构主义分析方法提出了"地理上的二元经济"结构理论并利用扩散效应（当经济发展到一定程度，各种要素从发达地区又流向落后地区的现象）和回波效应（生产要素受收益差异吸引而发生的由落后地区向发达地区流动的现象）说明了经济发达地区优先发展对其他落后地区的促进作用和不利影响，提出了如何既充分发挥发达地区的带头作用，又采取适当的政策来刺激落后地区的发展，以消除发达与落后并存的二元经济结构的政策主张。在其所著《经济理论与不发达地区》一书中，他认为，在自由放任条件下的经济发展过程中，市场力作用的趋势会产生区域间的不平衡；若国家越贫穷，将越会加剧区域间的不平衡，扩大区域之间的差距。缪尔达尔的区域经济政策的主张是，在经济发展过程中，当某些先起步的地区已积累了发展的优势时，政府应采用不平衡发展战略。通过发展计划和重点投资，优先发展这些有较强增长势头的地区，并通过这些地区的扩散效应带动其他地区的发展。

### （三）梯度推移理论

梯度推移理论是一种以效率优先为基本指导思想的区域发展战略。它在以下两个方面突破了先前的区域发展理论：①它打破了片面强调"均衡布局"的传统布局模式，承认地区发展非均衡的现实，强调遵循非均衡到均衡的客观发展规律，从而使客观规律和实事求是成为制定经济发展战略的首要出发点；②它强调集中资金和资源实施重点发展，同时在地区间形成产业结构转换的连续关系，从而使产业空间分布与地区经济互相联系，产业结构与产业布局相结合；③梯度推移理论强调经济发展要遵循一个从发达到不发达地区的逐步推进过程。改革开放后，我国实行的向东南沿海倾斜的不平衡发展的理论基础就是梯度推移理论。

### （四）倒U型发展理论

1965年，美国经济学家威廉姆逊（J. G. Williamson）通过实证分析的方法，使用世界上24个国家的时间序列数据和横截面数据，相当确切地证明了："在国家经济发展的早期阶段，区域差距将会扩大，即倾向于不均衡。随着经济的发展，区域间不平衡将趋于稳定；当达到成熟阶段，区域间发展差异将逐渐减小，即倾向平衡发展。"倒U型发展理论最具创新的就是将区域均衡与经济增长联系了起来。

区域不平衡发展理论都强调发展对非均衡的依赖性，都倾向于认为无论经济发展处于何种水平，不平衡发展都将是绝对的，它是经济发展的必要条件，而忽略了平衡发展的积极作用。这一点在以实证为基础的倒U型发展理论中有所显示。

平衡与不平衡是贯穿区域经济发展过程中的一对矛盾统一体。它们相互交替，不断地推动着区域系统从低层次向高层次演化。区域经济发展理论从不同侧面揭示了区域经济发展的模式。新中国成立初期推行的是平衡发展战略，主要支持内地工业，但忽视了效率，该政策影响了整个经济发展的速度。实践证明，区域平衡推进和平均分配的选择是低效率的，在不具备一定客观经济的条件下，强行实施区域平衡发展战略是失败的。改革开放后，我国开始实行向东部沿海地区倾斜的不平衡发展战略。其基础就是"梯度推进理论"。在计划经济和市场经济并存的双轨运行条件下，该战略对我国经济发展起到了重要作用。但随着市场经济的确立，梯度推进理论受到了挑战，因为在市场经济条件下，几乎所有的经济资源都向东部流动，而东部对中西部的技术推移带动效应十分有限，区域差距加大，使落后地区陷入了"马太效应"的恶性循环，地区间冲突日益激化。此外，中西部自身的基础设施等方面的自身条件不完善，使"梯度推进理论"的实施增加了难度。东部地区技术、经济向中西部的推移受阻，并影响了整个国民经济的发展后劲，因此西部开发势在必行。西部开发实际是不平衡发展战略向平衡战略的转变。这种转变尊重区域经济不平衡发展的客观规律，充分发挥了市场与政府的作用，是由局部的不平衡发展向整体的平衡发展过渡。在这一发展过程中，东西部应协调发展。值得注意的是，西部地区是国家的生态屏障，西部发展中的生态建设将为东部和全国发展奠定良好的基础。总之，目前的西部开发必须遵循通过不平衡发展实现平衡发展的客观规律，同时还要清醒地认识到西部大开发本身也是一个不平衡推进的过程。

## 三、发展经济学关于欠发达地区发展的理论

发展经济学研究侧重于探讨经济的产业结构和部门结构的变化，从而来探索欠发达地区经济发展的新思路和新途径。发展经济学派著名的经济学家刘易斯（W. A. Lewis）提出了二元结构理论，他认为，不发达经济分为两个部门，即城市中以制造业为中心的现代化部门和农村中以农业、手工业为主的传统部门。现代化部门生产规模大，所使用的生产和管理技术较先进，生产动机是谋利，产品多在市场上销售；传统部门生产规模小，技术落后，生产的动机主要是为了自己消费，产品很少在市场上出售，而且存在着大量失业人口。西方经济学中的二元经济结构理论含义较为宽泛；发展经济学认为，发展中国家的经济发展过程，必然包含着一个传统部门比重缩小、现代部门比重扩大，以

及购买力低下的农村居民随城市化进程逐步向收入较高的城市居民群体转移的过程。这样的二元结构也是中国经济发展过程中面对的问题，经济学家称之为"旧二元现象"。对于转轨过程中制度性变迁所引发的"转移性收益偏多"与"转移性损失偏多"现象，并最终形成的过高收入阶层与过低收入阶层的分化，经济学家称之为"新二元现象"。还有学者认为，三元经济结构模式是中国经济结构之现实，由工业部门、农业部门，加上乡镇企业和个体私营小企业组成。农村剩余劳动力转移与城市化进程也是欠发达地区开发需要面临的问题。一般来说，城市的工业部门资本积累增加就能吸收农业部门的剩余劳动力。经济发展过程中人口、社会生产力不断地由农村向城市集中的社会进步过程就是城市化过程。

## 第二节 生态系统理论

生态系统理论是英国著名植物生态学家坦斯利（A. G. Tansley）于1935年首先提出的，此后经过美国林德曼（R. L. Lindeman）和奥德姆（E. P. Odum）的继承和发展逐渐成熟。生态系统的概念是在一定的空间内生物和非生物成分通过物质的循环、能量的流动和信息的交换而相互作用、相互依存所构成的一个生态功能单元。地球上大到生物圈，小到一片森林、草地、农田，都可以看作是一个生态系统。一个生态系统由生产者、消费者、还原者和非生物环境组成，它们有特定的空间结构、物种结构和营养结构。其中营养结构以物质循环和能量流动为特征，形成了相互连接的食物链和食物网结构。生态系统的功能包括生物生产、能量流动、物质循环和信息传递。20世纪30年代后，在对生态是一个能量系统的认识的基础上，衍生出研究生物圈理论、研究生态系统平衡理论、研究生态系统破坏、恢复、重建理论等。

## 一、现代生物圈理论

生物圈包括平流层的下层、整个对流层、沉积岩圈和水圈。这是一个生命强烈作用和比较集中的范围，特别是植物在这一范围内起到了能量积聚的主要作用。生物圈的基本结构系统是生态系统，生态系统就是生命系统和环境系统的特定组合。地球表面本身是一个最大的生态系统，由许多大小不同的生态系统组合而成，可分为陆地、海洋两大自然生态系统，陆地生态系统又可分为森林、草原、荒漠、湿地、农田等生态系统，它们都有各自的空间联系顺序，相互之间构成了完整而复杂的生态综合体。

从生物圈的食物链来说，绿色植物作为初级生产者把无机物和太阳能转化为有机物和生物化学能，通过食草动物、食肉动物，逐级提高物质组织形式和能量性能，最后到人，即构成食物链。食物链的各个环节"营养级"在数量上，第一营养级必然大大超过第二营养级，而且是逐级大幅度递减，形成"生态金字塔"。人是生物中最高级的物种，处于食物链金字塔最顶层，人类的大脑、智慧和劳动决定了人类对生物圈的影响，人类必须把自己作为生物圈的一员，和其他生物一起分享大自然，自觉保护生命保障系统，促使生物圈向前演化，而不是退化，只有这样人类才能生活得更美好。

人类的活动及其影响已扩展到了很大区域甚至整个生物圈，人类的经济活动和社会活动构成的经济社会系统叠加在自然生态系统之上，构成了更加复杂的自然—经济—社会复合生态系统。绿色植物是整个生物圈发展的基础和动力，人类要在推动自身发展的同时关注、重视和保护生物圈的每个环节，尤其是森林资源。

现代生物圈理论强调人—地（环境）关系，以实现社会、经济、自然复合生态系统的协调共进，反对只追求经济，不顾环境，也不赞成只讲环境而忽视社会经济的发展，在特定区域的经济发展过程中，要关注人类经济活动对整个生物圈循环的影响作用。

## 二、生态系统平衡论

生态平衡是生态系统在一定时间内结构与功能的相对稳定状态，其物质和能量的输入输出接近相等，在外部干扰下，能通过自我调节（或人为控制）恢复到原初稳定状态。当外来干扰超越了生态系统自我调节能力，而不能恢复到原初状态时，称作生态失调或生态平衡破坏。生态平衡是动态的，维护生态平衡不只是保持其原初状态，生态系统在人为的有益影响下，可以建立新平衡，达到更合理的结构、更高效的功能和更好的生态效益。生态系统平衡是相对的，不平衡是绝对的，生态系统的调节是通过系统的反馈能力、抵抗能力和恢复能力实现的。

平衡的生态系统是健康的，所以功能正常的生态系统可称为健康生态系统，它是稳定的和可持续的，在时间上能够维持它的组织结构和自治以及保有对胁迫的恢复力。评价生态系统的健康程度时可以用活力、组织结构和恢复力等指标。生态系统平衡的相对性和生态系统平衡所隐含的功能的提升，要求我们以正确的态度和方式追求并维护生态系统平衡。

## 三、生态系统恢复与重建理论

20世纪50年代以来，随着人口增加、资源开发、环境变迁等问题，人类各种活动和存在本身使自然物质循环和能量交换受到了不同程度的干扰和破坏，在人类的影响下，生态系统恢复和重建问题受到了重视。生态系统具有一定的脆弱性和易变性，为保证生态系统的健康和良性循环，需要在科学的理论指导下进行生态系统的恢复和重建。

生态系统可能受到的干扰分为自然干扰和人为干扰，人为干扰附加在自然干扰之上。生态演替在人为干扰下可能加速、延缓、改变方向甚至向相反方向进行恢复，因此重建生态系统时必须符合生态学观点。

"恢复"一词有多种解释。一般地，它意味着将一个目标或对象带回到相似于先前的状态，但并不是原始状态。修复、康复、重建、复原、再生、更新、再造、改进、改良、调整等均可以解释恢复。国际生态恢复学会（SER）将恢复定义为：有意识地对一个地区进行转换和改变，建立一个确定的、原始的、有序的生态系统，这一过程的目标是仿效特定生态系统的结构、功能、生物多样性和动态来制定的。

生态系统恢复重建过程中必须遵循以下原则：

### （一）物种共生互利原则

森林、草地、湿地、沙漠等陆地生态系统是由不同物种组成的。从生态学和进化生物学的角度看，在一个现实生态系统中，生物物种之间的关系有共存关系和共生关系。这些相互作用可以发生在大气、土壤或水体中，物种之间相互作用或强或弱，或紧密或松散。因此，在生态系统的恢复重建中，促进生物之间的互利共生关系具有重要的意义。

### （二）重视交错重叠原则

生态系统相互独立的同时又有一定的联系。两种或两种以上的生态系统之间存在着一种"界面"，围绕这个界面向外延伸的"过渡带"的空间域，称为生态系统交错带。由于界面是两个或两个以上相对均衡的系统之间的"突发转换"或"异常空间邻接"，因而表现出了一定的脆弱性，因此也称为生态环境脆弱带，如农牧交错带、水陆交错带、林农或林牧交错带、沙漠边缘带等。交错带的脆弱性表现在：①可替代的概率大，竞争程度高；②可以复原的概率小；③抗干扰能力弱；④界面变化速度快，空间移动能力强；⑤界面是非线性的集中表达区，非连续性的集中显示区，突变产生区。生态系统交错带的脆弱性并不表示该区域生态环境质量最差和自然生产力最低，只是说它对环境变化的敏感性、抵抗外部干扰的能力、生态系统的稳定性较低，如沙漠和湖泊的交错带是绿洲，绿洲的环境质量并不差，生产力也很高，但环境的变化往往极易导致绿洲的消失。

我国植被恢复既是一个生态系统重建的过程，又是一个脆弱生态系统修复的过程。改善林业生态状况，构建现代林业生态发展战略时，必须遵循生物学的一些基本规律，维护生物的生态与进化过程。恢复生态学、生态位理论、物种互利共生原理、生物多样性原理等生物学理论，对于西部林业生态建设具有积极的指导意义。宏观上，林业生态建设的规划、布局，林种结构与树种结构，生态系统的类型等需要运用这些理论；微观上，一个群落或一片林地需要从以上不同侧面去进行理论探讨和实践。

## 第三节 生态经济学理论

生态经济学是研究社会再生产过程中生态系统和经济系统之间物质循环、能量转化和价值增值规律及其应用的科学。其诞生以20世纪60年代末美国经济学家鲍尔丁（K. E. Boulding）的论文《一门科学——生态经济学》的发布为标志。生态经济学理论认为，生态经济系统是由生态系统和经济系统通过技术中介及人类劳动过程所构成的物质循环、能量转化、价值增值和信息传递的结构单元。生态系统和经济系统不能自动耦合，其必须在人的劳动过程中通过技术联结。生态经济学的最终目标是把物质、能量、价值和信息相互协调成为一个投入产出的有机整体。

第二次世界大战后，随着人口的剧增以及人类消费的极大增长，人类对大自然的需求日益扩大，这迫使人们不得不向大自然索取更多的资源，这一举动大大加快了人类干扰自然的频率，超越了自然生态系统所允许的限度，出现了人类与自然、生态与经济关系异常紧张的局面，如"人口爆炸"与全球范围内粮食的可持续供应的矛盾，森林过伐、土地滥垦造成的水土流失、草原退化、河流淤塞和土地沙漠化等生态问题。如何正确认识和协调人类与自然的关系，如何开发利用自然资源而又不损害其再生能力，如何促进经济繁荣和生产力的发展而又不破坏自然生态环境，促使了生态经济理论的产生。它要求人们在制定和设计未来经济社会的发展模式时，不能只着眼于纯经济动机，而必须要把经济、社会、生态作为一个整体加以通盘考虑，从经济与生态结合的角度研究和探索其协调发展的规律性，为建设一个持续稳定发展的社会提供指导。

在生态经济理论的发展过程中，也就是在研究人口、需求、生产、资源、技术、生态环境这六大要素之间的相互关系及其规律性的过程中，生态经济理论界出现了众多的学派，归纳起来，基本上可分为下述三派：

## 一、悲观派

悲观派的主要代表人物是美国麻省理工学院教授丹尼斯·米都斯（Dennis Meadows），其主要代表作是《增长的极限》等。悲观派学者认为经济和人口增长是生态危机的主要原因，如果按现在的增长趋势发展下去，总有一天会达到极限，从而导致地球的毁灭，唯有限制人口和经济的增长，停止工业和技术的发展才是最可取的方式。人类的确面临着十分严重的生态失衡、环境污染、资源破坏等生态经济问题，看到这些问题的严重性和危害性后，面向全社会发出预警是必要的。但也要充分认识到人的能动创造力,即科技进步在人类与自然和谐共处中的重要作用。自然界的资源是相对有限的,但随着技术的提高,人类调控和合理利用自然资源的能力也是会不断增强的。

## 二、乐观派

这一学派的最重要的代表人物是美国的赫尔曼·卡恩(Herman Kahn)和朱利安·西蒙(Julian·Simon)。乐观派反对悲观派采用数学推导的方法看待未来世界,主张用历史分析的方法来解释和预测未来。他们认为人类正处在1800—2200年这个"伟大转折"的中期,

这个时期是从产业革命到后工业化社会的过渡时期,是人类由贫困到富裕的过渡时期。这个转变只有在经济不断增长的情况下才能实现。一个国家的经济增长是多方面因素综合的结果,涉及这个国家的社会制度、经济基础、技术进步、人口、资源、管理、立法等因素,又涉及上述因素之间的相互关系和相互制约。美国人均产值从250美元增加到7000美元用了200年的时间;日本人均产值从100美元增加到4000美元用了100多年的时间;而现在,发展中国家由于持有促进经济增长的十大要素,完成这个过程所需的时间将会大大缩短。他们认为用纯技术分析的方法预测未来往往与历史的实际进程相差甚远。在科学技术不断进步的条件下,人类资源是没有尽头的,生态环境将会日益好转,恶化只不过是工业化过程中的暂时现象,粮食在未来将不成为问题,而人口将自然而然地达到平衡。

## 三、现实派

不论是悲观派还是乐观派,大体上都承认工业化后的世界经济发展面临着一系列的严重问题,只要人类意识到这一点并采取正确的对策,就可以摆脱困境,争取更好的前景。以这一共同点为基础,又派生出了另一派,那就是现实派。现实派主张经济与生态的和谐发展。追求社会经济的持续稳定增长,他们提出要促进人的价值观的转变,重视协调与大自然之间已经广泛建立起来的重要关系。现实派的代表著作有美国人莱斯特·R.布朗(Lester R. Brown)的《建设一个持续发展的社会》和罗马俱乐部总裁奥

雷利奥·佩西（Aurolio Peccei）晚年所著的《未来的一百页》。

悲观派对科学技术进步的作用估计不足，只看到了人类经济活动破坏自然资源和生态环境的一面，而看不到在正确的生态经济观的指导下，经济增长和技术进步可以成为改善生态、协调自然的有利条件。乐观派则以为只凭借技术进步和市场调节就能自然地解决严重的生态经济问题，而忽视了掌握和运用技术的人的作用，忽视了人运用技术干预、影响生态系统的方式这一至关重要的因素。现实派走的是中间路线，强调经济与生态的协调发展。

在生态经济学的观点中，生态经济系统是生态系统和经济系统的统一体。他们运动的物质动力都是太阳能或太阳能的转化形式，二者内部都有一个交换机制，即在生态系统内部随着食物链转移的物质能量和在经济系统内交换的社会必要劳动量。从结构上看，都有随时间演替和系统成分空间分布的立体特点。而最重要的是，他们都是开放性的系统，生物圈内的各个系统通过物质的气态、水态、沉积循环方式，与别的生态系统交换着物质和能量，整个经济系统从生态系统中输入能量和矿物质，又把产品和废物输出到生态环境中。由于生态系统与经济系统的这种同一性，两个系统实际上是一个相互连接的耦合系统，无论是生态系统的变化还是经济系统的变化，其都会对人类的发展产生重大影响。生态生产力稳定持续增强，在再生产过程中不断得到更新，经济效益也持续稳定增强；同时创造一个无污染的生态环境，如果单纯追求暂时的经济利益，选择掠夺式的经济和技术手段，这样的耦合虽然符合了经济机制，但却不符合生态机制。而当无法促进生态生产力持续稳定地增长和生态资源的更新时，必然就会出现环境污染、资源枯竭等生态危机。还有一种情况，经济系统使用的技术、经济手段与生态系统反馈机制无关，其不仅不会使生态生产力持续稳定增长，就连暂时性的增长也做不到。

根据生态经济理论，当经济系统迅猛扩张造成环境破坏（包括污染）时，环境质量便成了稀缺物品。不付费就得不到阳光，就呼吸不到洁净的空气，就看不到优美的景色。因此，这些自然要素也就有了价格，但却不是一般意义上的价格。稀缺并不一定会使资源数量枯竭，而是会使这些资源的成本价格比大于或等于1。因此，在经济发展过程中，充分关注环境的制约效益，通过各种手段或途径实现经济与环境的协调是最终的目标。

# 第四节 可持续发展理论

传统发展观从社会经济系统内部物质资料再生产的经济现象和过程来研究社会经济运行,将社会再生产过程看成是纯粹的经济资本的运动过程。其理论中最基本的思想是,物质资本积累是促进经济增长的决定因素,经济增长表现为社会物质财富的增长。尽管一些西方经济学家在后来的研究中引入了不同于物质资本的技术因素及人力资本,但经济发展的目标却始终没有摆脱对物质财富增长的追求。在传统发展观中,自然界被视为一种不变因素而不是可变因素,忽视了经济活动和自然界之间相互影响的事实,将生态发展过程排除在了社会经济再生产过程之外。在这种发展观的指导下,各国在经济发展过程中开始追求资本推动的国民生产总值(GNP)增长,使得自然资源消耗过度,与生态环境的摩擦日益加深。在这一背景下,人们不得不开始重新审视传统的发展模式,思考资本、物质财富增长与自然生态环境的关系。

## 一、可持续发展的概念和林业的可持续发展

### (一)可持续发展的概念

持续性这一概念是由生态学家首先提出来的。即所谓生态持续性,它旨在说明自然资源及其开发利用程度间的平衡。1991年11月,国际生态学联合会和国际生物科学联合会将可持续发展问题作为专题进行研究,将可持续发展定义为"保护和加强环境系统的生产和更新能力",表明可持续发展是不超越环境系统更新能力的发展,是寻求一种最佳的生态系统以支持生态的完整性,并可实现人类愿望。另一种可持续发展观是社会可持续发展观。1991年,世界野生动物基金会(WWF)、联合国环境规划署(UNEP)和国际自然保护联盟(IUCN)在《保护地球——可持续发展战略》报告中将可持续发展定义为:在不超出支持它的生态系统的承载能力的情况下提高人类生活质量,着重于可持续发展的最终落脚点是人类社会,即提高人类生活品质,创造美好的生活环境。

经济学家在看待可持续发展观时更多地使用的是经济的可持续发展,其在多种表达

中都认为可持续发展的核心是经济发展。定义中的经济发展不是传统的以牺牲资源和环境为代价的经济发展,而是"在保持自然资源的质量和其所提供服务的前提下,使经济发展的净利益增加到最大限度"。可持续发展是"今天的资源使用不应减少未来的实际收入"的一种经济发展。挪威前首相格罗·哈莱姆·布伦特兰(Gro Harlem Brundtland)夫人及其主持的由21个国家的环境与发展问题著名专家组成的联合国世界环境与发展委员会于1987年发布了调查报告——《我们共同的未来》,提出了可持续发展的概念。布伦特兰提出的可持续发展定义是"满足当代人的需求,又不损害子孙后代人满足其需求的能力的发展"。这一概念以其高度的概括性得到了广泛的认同。同一时期,其他国际组织也对可持续发展的概念进行了定义。联合国粮农组织(FAO)给农林牧渔领域可持续发展的定义为:"管理和保护自然资源基础调整技术和机制变化的方向,以确保获得并持续满足目前及今后世代人的需要。"

### (二)可持续发展的内涵

可持续发展关注生态可持续与经济可持续的协调发展。生态可持续性是生态系统内部生命系统与其环境系统之间的持续转化再生能力,即保持自然生态过程永续的生产力和持久的变换能力,其本质是生态环境对经济社会可持续发展所具有的生态承受力。经济可持续性是在生态环境承受力范围内,人们生产经营活动的经济增长和可获利性。它要求国民经济系统的产出水平等于或大于它的历史平均值,保持一个产出没有负增长趋势的系统状态。生态与经济的可持续性是交织在一起的。经济发展对生态环境造成了破坏,使系统的某些自然物质和能量出现了短缺,这种负效应积累必然会在经济上表现出来,使经济系统得不到足够的物质能量,加剧经济运行的失衡。反之,生态环境的保护和改善需要经济力量的支持,只有经济运行系统的承载力与生态系统的承受力相适应,才能实现人口、社会、经济、资源与环境的全面协调发展。

可持续发展并不排斥社会经济物质财富的增长,而是更关注在经济增长的同时实现与自然资源运动的协调。因此,在控制人口增长的同时,自然资源的可持续利用就成了可持续经济运行的核心问题。这一观念的形成基于的是自然资源的有限性的事实。生态系统中自然资源的形成与积累要遵循其特定的条件与速度,如果将自然资源转化为物质财富的过程超过了其自身的增长速度,就会破坏生态系统的自组织功能,导致系统的熵增与无序,最终使生态系统崩溃。自然资源是生存价值、环境价值与经济价值的统一体,从完整意义上讲,自然资源可持续利用应当既包括其作为生产资料的经济价值的可持续利用,又包括其生存价值(生命支持能力)、环境(包括净化、保护与功能性生态价值)价值的可持续利用。总之,自然资源的可持续发展需要在人口、经济、生态三个方面得到体现。既不能放弃自然资源与其他要素结合创造财富增值的功能,又要保证自然资源生态环境功能的存续。

我国对可持续发展十分重视。1994年国务院第十六次常务会议正式审议通过了《中国21世纪议程》,我国成了1992年世界环境发展大会后最早实施"21世纪议程"的国家之一。第八届全国人民代表大会第四次会议上通过的《国民经济和社会发展"九五"计划和2010年远景目标规划纲要》明确提出了中国的可持续发展战略。可持续发展战略从此正式成了我国的一项长远发展战略。

## 二、林业可持续发展

1992年联合国在巴西召开了环境与发展大会,之后各领域各行业相继提出了本行业可持续发展的概念,如农业可持续发展、林业可持续发展等,基本是结合本行业特点和世界环境与发展委员会(WCED)的定义得出的。为阐释林业可持续发展,有必要提及两个与之相关的概念:森林永续利用和森林可持续经营。

森林永续利用也叫森林永续收获或森林永续作业,其思想雏形出现得很早,我国永续利用的思想出现在2000多年前,在《孟子》一书中就有了关于在适当季节和适当林木年龄采伐以保证其收获连续的思想。18世纪前,由于自然资源对当时社会发展承载能力较强,所以森林永续利用的思想是较模糊的。18世纪工业革命及以后的时期,森林资源以前所未有的速度和数量被消耗,大肆砍伐造成了森林危机。出于对木材永续利用的需要,林学家提出了森林永续经营思想,其重点强调从树种、种植技术角度出发,保证木材持续产出的能力。人们对森林永续利用的理解主要是在保证具有经济价值的林木处于自身生物增长速度的前提下,实现木材的持续供给,没有将森林对生态环境提供的非物质效益考虑在内。19世纪后,森林永续利用思想又有了进一步的发展,从单纯的木材永续利用发展到了追求森林多种效益的永续,如"近自然林业"观念的提出,但仍然更多地考虑的是林木的年龄结构、蓄积结构、生长量条件、林地数量和质量等技术性因素。

因此，森林永续利用不是一个完整意义上的林业可持续发展概念。

森林可持续经营概念形成于20世纪80到90年代。人们总结了历史上人与森林的关系和森林经营的经验，根据人与森林关系的现实状况，在继承过去森林经营思想合理部分的基础上提出了新的森林经营准则，森林可持续经营涉及的是如何经营有形的森林资源，特别是林木和林地资源的经营管理。20世纪80年代以来全球不同的国家都在致力于森林持续经营指标体系的建立，以为本国森林的可持续经营确定指标体系。1992年的国际热带木材组织进程、1993年的《蒙特利尔进程》、1994年的《赫尔辛基进程》及1997年的《中美洲进程》分别提出了不同的区域性指标，但到目前为止尚未形成一个统一的标准。应当看到，森林可持续经营是可持续经营思想在森林经营管理中运用的结果，是林业可持续发展的一个重要组成部分。

随着对森林资源生态环境效益的日益关注，世界环境与发展委员会、世界银行、国际热带木材组织、联合国可持续发展委员会、世界森林与持续发展委员会先后从行业角度提出了林业可持续发展的概念。美国的杰夫（Jeff Komm）教授指出林业可持续发展应包括以下几点：①创造好的外部环境不断提高森林质量；②森林经济效益和生态效益协调统一；③在林业不同层次及规模的管理部门进行相互补充；④为将来森林进行投资；⑤创新意识。

我国学者认为林业可持续发展有着广泛的内涵，比较有代表性的概括是，林业可持续发展既要保持林业物质生产的持续增长，又要维持并不断改善社会对森林生态环境不断增加的福利性的要求；既要满足当代人和经济增长对林业的需求，又要考虑到子孙后代对森林环境和林业物质生产需要的延续。

不论是哪一种定义，从根本上看，林业可持续发展至少包括以下两个目标：一是林业非物质效益产出能力的持续，包含森林生态环境效益调节能力的稳定性和在此基础上的递进与提高以及生物多样性保护等；二是林业物质产出能力的持续，即森林作为物质资料木材的来源在物质供给能力与经济效益循环过程中的平衡和增长。

# 第三章 现代林业发展的总体发展战略

## 第一节 现代林业发展的总体战略思想

林业是经济和社会可持续发展的重要基础，是生态建设最根本、最长期的措施。森林作为自然界陆地上面积最大、分布最广、组成结构最复杂、物种资源最丰富的生态系统，其对改善生态环境、维护生态平衡具有不可替代的作用。森林作为一个巨大的可再生的自然资源库，与其他生态系统有着必然的多渠道的关联，是维系人与自然和谐统一的纽带，更是国土生态安全的保障。因此，必须高度重视森林资源总存量的可持续增长及其生态、社会、经济三大效益。

林业独具的自然性、可再生性、低能耗性和环境友好性决定了林业作为经济社会可持续发展与生态环境资源可持续利用的桥梁，其所具有的特殊作用是任何部门与行业都不具备的优势。下面就现代林业发展的总体战略思想与指导方针进行简要说明：

### 一、总体战略思想

新世纪上半叶中国林业发展总体战略思想是：

第一，确立以生态建设为主的林业可持续发展道路；

第二，建立以森林植被为主体的国土生态安全体系；

第三，建设山川秀美的生态文明社会。

林业发展总体战略思想的核心是"生态建设、生态安全、生态文明"，这三者之间相互关联、相辅相成。生态建设是生态安全的前提，生态安全是生态文明的基础和保障，生态文明是生态建设和生态安全所追求的最终目标。

这个理念表明：只有当人类向自然的索取能够与向自然的回馈相对平衡时，只有当人类为当代的努力能够同为后代的努力相对平衡时，只有当人类为本地区发展的努力能够同为其他地区共建、共享的努力相对平衡时，可持续发展才可能真正实现。这充分体现了公平性（本代人间的公平、代际间的公平、公平分配有限资源）、持续性（人类的经济和社会发展不能超越资源与环境的承载力）和共同性（作为全球发展的总目标，以共同的责任感联合行动）的原则。体现了生态持续、经济持续和人类社会持续相互关联、有机复合的特征。

可持续发展战略的思想核心在于正确规范人与自然之间、人与人之间的两大基本关系。具体内涵有四个方面：一是不断地满足当代和后代的生产和生活对于物质能量和信息的需求，强调优化发展；二是资源和环境属于全人类，代际间的使用应体现公正原则，同时每代人都要以公正的原则担负起各自的责任，当代人的发展不能以牺牲后代人的发展为代价，强调公正；三是区际之间应体现共同富裕，以合作、互补、平等的原则，促成空间范围内同代人之间差距缩短，共同去实现"资源、生产、市场"之间的内部协调和统一，强调合理；四是创造自然—社会—经济支持系统的外部适宜条件，将系统的组织结构和运行机制不断优化，使人类生活在一种更严格、更有序、更健康、更愉悦的环境之中，强调协调。

## （一）与时俱进，实现传统林业发展观和森林价值观的深刻变革

"时移则势异，势异则情变，情变则法不用"，中国林业发展战略必须坚持解放思想、实事求是，与时俱进、开拓创新的基本原则，对林业发展的内在规律和问题进行反思和探讨。

不同的历史时期，社会对林业的主导需求不同；不同的经济发展阶段，森林资源在人们头脑中的价值取向不同。新中国成立以来，资源危机和生态忧患意识引发了人们对可持续发展的战略思考：我们"战天斗地"，与大自然抗争，在很多时候是把人与自然放在了一个对立面上。社会生产方式、经济增长方式和管理体制有悖于发展规律，从体制和制度上导致了利益格局与资源配置的失衡，造成了对自然资源的损害。

新中国成立之初，百废待兴。帝国主义封锁，国家外汇不足，为了尽快恢复和发展经济，木材生产成了国民经济原始积累与工业建设对林业的主导需求。由此，在整个计

划经济时期，林业以"先生产，后生活"的奋斗精神，在极其艰苦的环境下，为支援国家建设提供了大量廉价木材，作出了巨大的历史性贡献。另外，由于社会对资源与环境认识的历史局限性，人们曾一度忽视了森林资源在维护生态平衡、国土保安和提高人类生存环境质量中的作用。在国土整治中，重工程措施，轻生物措施；在林业建设中，重采伐利用，轻资源培育、保护，经营粗放；在经济政策上，重取轻予，投入长期不足；在工业建设和农垦开发中，对天然林资源"长期透支"，客观上走了一条以木材生产为中心，以牺牲森林生态、社会效益为代价的支持国民经济建设的道路。在计划经济体制下构建的国有森工体制，"政（政府行政管理职能）企不分，企社（社会福利保障等社会公共职能）不分""企事不分"。企业一方面负有对国有森林资源的行政管理职能，另一方面又是木材生产的经营实体。有些地方从下属林场木材生产利润中提取本应由政府财政承担的管理部门的行政事业费用，这种不规范、不合理的做法，导致了以政府行为砍伐天然林行为的产生。在产业产品结构和所有制结构单一的前提下，企业办政府，企业办社会，企业办事业，一切都要依靠采伐，利用森林资源求生存，最终导致了资源危困、经济危机的局面。

在农村，尤其是在贫困落后地区，传统意识局限于"粮猪型"经济。产业结构单一，生产经营方式落后，加之缺乏以物质利益为原则的政策引导和科技扶持，毁林毁草种粮、采挖陡坡开垦、超载放牧成了用以解决人口增长、粮食不足、经济贫困等问题的唯一或主要出路。结果是"越垦越荒，越荒越穷，越穷越垦"。为了扩大耕地，毁林开荒、围垦沼泽、移山填海、围湖造田；甚至近十几年来，有些地方仍以各种名义毁林开发，乱占滥用，造成了林地逆转，变森林为疏林、灌木林；变林地为非林地。这段时期，中国森林经历了3次较为严重的大规模砍伐，据资源清查，仅1978—1988年，我国天然林成过熟林中用材林面积和蓄积量就锐减了1/3。

长时期大量索取木材，过度消耗天然林资源，日积月累，使得林草植被遭受了严重的破坏，雪线上升，林缘回退；湿地萎缩，水资源短缺加剧；草场退化，荒漠化急剧发展；生物多样性受到了严重破坏，造成了一系列难以挽救的生态恶果。20世纪50年代到70年代末，仅西北地区3次大规模毁牧、毁林开垦，破坏草地面积就达到了667万公顷，毁林18.7万公顷，结果使得所开垦土地沙化。因围垦和水土流失、泥沙淤积，白洋淀水面缩小了42%，洞庭湖水面由4300平方千米减少到了2600平方千米，鄱阳湖水面由5100平方千米减少到了2900平方千米。江汉平原湖泊群由8000平方千米减少到了

2000平方千米;由于上游截流,塔里木河流程缩短了300多千米,居延海等百处数千平方千米的沼泽和湖泊干涸,大片树木枯死。绿洲变荒漠,形成了大批生态难民。全国第二次沙化土地监测结果表明,截至1999年底,我国沙化土地面积已达174.3万平方千米,占国土面积的18.2%,且正在以每年3436平方千米的速度蔓延,年扩大面积比1994年提升了近1000平方千米,有近4亿人口生活在受荒漠化影响的地区。截至2002年,我国水土流失面积达360万平方千米,占国土面积的37.5%,每年流失表土在50亿吨以上;在干旱半干旱地区,40%的耕地存在着不同程度的退化,原生和现形成的(近37万平方千米)盐渍化土地面积已达80多万平方千米;全国2/3的城市水资源短缺,2/3的耕地地处干旱少雨地区,湖泊普遍萎缩退化并有75%受到了污染;全国有15%~20%的动植物物种濒临灭绝。可见,当森林植被的破坏已影响到了人类生存时,其损失往往是一代人甚至是几代人都弥补不了的。人为违背自然规律获取经济利益使人类付出了高昂的生态成本,恶劣的生态环境已成为制约经济发展、加剧贫困的重要根源。

### (二)走生态优先,社会经济效益兼顾的林业可持续发展道路势在必行

"生态建设"为主是根据新时期经济社会发展对林业主导需求的变化,为体现生态优先理念,实现可持续发展而提出的全新林业发展思路。"生态优先"作为新世纪林业发展的主导思想,是对林业认识上的一次重大飞跃,体现了国家对新世纪林业发展的准确定位;确立了以生态建设为主的林业可持续发展道路,即要在生态优先的前提下,实现以木材生产为主向以生态建设为主的历史性转变,协调发挥林业的生态效益、社会效益和经济效益,正确认识和处理好林业与农业、牧业、水利等国民经济相关部门协调发展的关系,处理好资源保护与发展、培育与利用的关系,实现可再生资源的多目标经营与可持续利用。

正如恩格斯在《自然辩证法》中所指出的,我们统治自然界,决不像征服者统治异民族一样,决不像站在自然界以外的人一样。相反地,我们连同我们的肉、血和头脑都是属于自然界,存在于自然界的;我们对自然界的整个统治,是在于我们比其他一切动物强,能够认识和正确运用自然规律。特别是从21世纪自然科学大踏步前进以来,我们就愈来愈有能力去认识我们最普遍的生产行为所造成的自然后果。这种事情遇见得越多,人们就能越多地可以感觉到和认识到,自己和自然界是一致的。人和自然的关系实际上是人和人之间的关系在对待自然上的反映及其对自然产生的影响。而林业的问题不是树

木的问题,而是人的森林价值观及林业发展理念所导致的行为问题。以森林生态为代价换取暂时经济利益的路不能再走了。中国现代林业实现由以木材生产为主向以生态建设为主的历史性转变,选择走生态优先、资源可持续经营利用的发展道路是势在必行的。党中央、国务院将改善生态环境作为必须长期坚持的基本国策,表明了社会发展的主导需求和人们对森林的价值观念的转换,同时也将林业推上了生态建设的主体地位。

### (三)确保国土"生态安全"是维护国家经济社会可持续发展的重要基础

改革开放以来,我国经济社会得到快速发展,但资源约束趋紧、环境污染严重、生态系统退化的形势日益严峻,生态安全问题已经成为关系人民福祉和民族未来的大事。2014年4月15日,习近平总书记在中央国家安全委员会第一次全体会议上指出:"既重视传统安全,又重视非传统安全,构建集政治安全、国土安全、军事安全、经济安全、文化安全、社会安全、科技安全、信息安全、生态安全、资源安全、核安全等于一体的国家安全体系。"这是在准确把握国家安全形势变化新特点新趋势基础上作出的重大战略部署,对于提升生态安全重要性认识,破解生态安全威胁,意义重大。党的十八届五中全会进一步明确提出,要坚持绿色发展,有度有序利用自然,构建科学合理的生态安全格局。由此可见,生态安全的重要性日益得到广泛认可和重视。森林是陆地生态系统的主体,林业是一项重要的公益事业和基础产业,承担着生态建设和林产品供给的重要任务。

#### 1. 林业生态体系是国土生态安全体系的主体

林业生态体系的物质基础是森林生态系统。林业生态体系构成的物质主体为各种类型的森林生态系统。要在保护现有的森林生态系统的基础上,运用生态经济原理,从国土整治和国土安全的全局和可持续发展的需要出发,以维护和再造良性生态环境以及维护生物多样性和具代表性的自然景观为目的,在全国范围内,建设起不同层次、不同水平、不同规模的森林生态系统,组成一个完整的林业生态体系。林业生态体系是物质主体与相应的管理、运行机制及保障体系的统一体,是自然、经济及社会的统一体。因此,林业生态体系必然是一个历史的、运动的概念,其构成和运动发展规律必然要与其存在的历史发展阶段相适应,反映出时代的要求。林业生态体系建设,必须与国家的可持续发展战略目标相一致,充分满足国民经济和社会发展对林业生态体系建设的要求,特别是要满足维护国土生态安全的要求。

一个时期的林业生态体系完备与否取决于以下因素：以满足社会综合需求为前提的、分配给林业的土地面积是否是森林占大多数；在当前经济条件允许的前提下，森林的营造和管理是否达到了最大的效益；在既定的社会制度条件下，林业的运行机制是否使林业生产力得到了最大限度的发挥，各种投入、管理、保障机制是否有效推动了林业生态体系的正常运行；林业生态体系的存在和运转是否能有效地保障和促进经济社会的可持续发展，满足国土生态安全的需求。

2. 完备的林业生态体系的基本特征

一是功能齐全。比较完备的森林生态体系能持续发挥涵养水源、保持水土、防风固沙、净化空气、调节气候、改善生态环境、维护生物多样性等生态防护功能；不断地为社会提供一定的木材及其他林产品，满足人民群众的物质生活需要，发挥其经济效益；以森林生态系统为依托的自然保护区、森林公园等要为社会提供森林旅游等景观效益，满足人民群众的文化需要；要以其丰富的物种群为人类提供宝贵的基因库，持续地发挥巨大的社会效益。

我国地域辽阔，各地自然环境与社会经济发展水平差异很大，由此决定了功能齐全也是一个相对概念，即总体上齐全而局部有所差异。这里所谓的差异是相对当地森林资源基础和环境条件以及社会经济发展水平而言的，要在突出发挥森林生态体系主导功能的前提下，逐步实现功能齐全。

二是均衡适度。比较完备的林业生态体系应是一个相对的概念，完备与否取决于它与社会经济发展的适应程度。它应充分体现区域自然和经济的特点及优势，组成生态体系的各系统之间的结构，既要满足整体功能和效益比较完备的要求，又要适合各地自然环境条件和经济发展水平。

尽管我国国民经济发展速度很快，综合国力不断增强，但是我国国民经济建设的任务依然十分艰巨，无论是财力、物力还是人力，长期支持大规模的林业生态体系建设确实存在不少困难。各地森林资源基础、环境状况和社会经济发展水平差距很大。在这样的基础上建立起来的林业生态体系只能是一个动态完备的概念，即相对于社会经济发展水平，森林资源与生态环境的基础是均衡适度的，其建设目标应是分区域、分阶段的。

三是结构稳定。系统的结构决定了其功能的发挥，稳定的系统结构以生物多样性为基础能保证最大限度地发挥系统的功能。组成比较完备的林业生态体系的各种类型的森林生态系统必须具有较高的生物多样性、林地生产力、系统恢复能力，较强的抗病虫害能力、预防火灾能力，良好的森林景观和防护功能，以保证其持续发挥最优的生态、经济和社会效益。

四是布局合理。比较完备的林业生态体系是以全部国土作为一个整体，从国家可持续发展的需要出发，分阶段、分目标设计建设的不同层次、不同水平和不同规模的最优的生态经济系统，其主导作用是发挥生态功能。比较完备的林业生态体系由合理布局的各种森林生态系统组成，除了合理保护的天然林、人工林、自然保护区和野生动植物保护区的森林生态系统外，还包括沿江河和区域的集水区、源头、风沙带沿线、海岸线建立的森林生态体系，沿各支流、农田周围、道路、村旁、库渠等地建设的防护林体系及城市森林生态系统，以及呈现网络分布，带、片、网、点相结合，重点突出、主次分明的森林生态体系，以保证从整体上发挥最佳的森林功能，满足社会经济发展与人民生活对森林功能多样化的需求。

五是机制完善。比较完备的林业生态体系必须具备一套科学有效的宏观与微观管理运行机制，使林业生态体系的保护和发展具有稳定的投入、有效的运营及合理的补偿机制；具备完善的政策、法律和服务体系；具有一套科学的、可操作的评价指标体系和预警系统，能及时准确地反映林业生态体系的状况，为决策提供参考依据。

六是持续发展。比较完备的林业生态体系必须是可持续发展的，既满足当代人的需求又不对后代人的需求构成危害。林业生态体系的建设必须服从国家可持续发展的要求，不断地满足国民经济发展和人民生活水平提高对森林物质产品与生态服务日益增长的需要，并真正实现林业生态效益、经济效益和社会效益的统一。

### 3. 林业产业体系与生态体系构成了林业发展的"两翼"

林业产业是整个林业的重要组成部分。比较发达的林业产业体系应该具有基本维持供需平衡，并在国民经济产业关联体系中发挥稳定作用的木材及林产品供给能力；有基本合理的产业结构、组织结构（规模经济）、区域结构、技术结构及贸易结构，做到结构间的协调运行和共同发展；有良好的产业素质，特别是在国际竞争体系中具有较强的竞争力；可以有效保障产业发展的政策支撑体系。核心问题有两方面：一是建立一个有较高效率的产业结构体系；二是建立符合社会主义市场经济要求的政策保障体系。

林业产业体系结构优化的基本目标是建立一个稳定有序、衔接紧密、基础产业与初级加工和深度加工业合理配置的产业结构，实现以市场为导向、以资源为基础、以工业来带动"贸工林一体化"的产业结构体系，其核心是建立一个有良好产业素质和经济效益做支撑的、高效运转的产业体系。其根本点是在充分考虑市场导向、资源约束条件的基础上，寻求林业与国民经济相关产业之间、林业多种经营目标之间、林业主产业之间、林产品之间、不同类型的企业之间、区域之间的全面协调发展，不断满足经济发展和人民生活对林产品日益增长的需求。

### （四）建设山川秀美、人与自然和谐相处的生态文明社会

文明不仅是人类特有的存在方式，还是人类唯一的存在方式，也就是人类实践的存在方式。从原始文明形态到农业文明形态，再到工业文明形态，人类经历了三大文明形态。在人类祖先依靠和利用大自然给予的环境条件与物质条件，钻木取火、枯木为舟、筑木为巢开始，繁衍生命、启迪智慧、发明创造，逐渐走向进化、走向文明的过程中，森林成了人类文明的摇篮。历史上由于森林消失而导致国家衰亡、文明转移的例证屡见不鲜。古巴比伦、古埃及、古印度文明的衰落，以及我国古黄河文明的转移都与森林密切相关，可以说，人类失去森林就会失去未来，人类的发展史就是人与自然的关系史。中国数千年来在认识和改造自然的过程中创造了辉煌的文明成果，也付出了环境恶化、资源紧缺、自毁家园（物质的、精神的家园）的代价。社会生态环境系统的发展有着高的连续性的潜力，可持续发展战略要求经济发展以不破坏生命保障系统的多样性、复杂性及其功能为准则。

"生态文明"是在生态良好，社会经济发达，物质生产丰厚的基础上所实现的人类文明的高级形态，是与社会法律规范和道德规范相协调，与传统美德相承接的良好的社会人文环境、思想理念与行为方式；是经济社会可持续发展的重要标志和先进文化的重要象征，代表了最广大人民群众的根本利益。生态文明的进程是对传统文明的一场变革，要求人类思维方式、发展方式、消费方式生态化。它既是历史发展的必然，又是人类选择的必然；既是我们的理想境地，又是正在发生着、实践着的现实。生态文明最重要的标志就是："人和自然的协调与和谐，使人们在优美的生态环境中工作和生活。"

我们追求的是建立人与自然和社会之间的高质量、高水平协调发展的良性生态系统，包括保护自然环境、建立生态平衡和资源合理配置以及国民素质的全方位的提高。建立健全生态文明建设的法律保障体系，采取有效措施加大执法监督和普法力度，使有限的资源得到合理配置和高效利用，不偏离可持续发展的轨道。到21世纪中叶，中国将基本实现现代化，建成富强、民主、文明的社会主义国家。在这一历史时期，林业战略实施

要与国家宏观战略进程同步。要以长远的战略思维，坚持人类利益与自然利益价值取向的有机统一，把握经济发展与资源保护、合理利用的辩证统一，不仅要谋取人类的当前利益，还要考虑到人类的未来与发展，谋求长远的根本利益，要以生态文明观创建全新的社会公德和行为规范。

## 二、战略指导方针

我国林业发展战略指导方针是"严格保护，积极发展，科学经营，持续利用"。

我国林业的物质生产和生态服务功能还远远不能满足经济社会发展的客观需要，滞后的林业发展已经成为制约我国经济社会可持续发展的重要因素。在新的历史时期，围绕国家可持续发展的整体目标，林业发展要按照"生态建设、生态安全、生态文明"的战略思想，严格保护天然林、野生动植物以及湿地等典型生态系统；积极发展人工林、林产品精深加工、森林旅游等绿色产业；将高新技术与传统技术相结合，加强森林科学经营；实现森林木质和非木质资源以及生态资源的持续利用。

按照林业战略指导方针，我国的林业建设在外延上有所扩展，在内涵上更加突出了生态优先、保护为主的特点，体现了新时期林业发展态势及其以生态建设为主、经济社会效益兼顾的时代特征。在以往建设成效的基础上，进行了林业生产力结构、布局的重新配置，形成了以重点工程为中心，生态建设主线突出的林业生产力布局。林业重点工程覆盖了全国97%以上的县，规划造林面积在7300多万公顷以上。

### （一）严格保护天然林、野生动植物以及湿地等典型生态系统

通过严格保护、积极培育、保育结合、休养生息，加快天然林以木材利用为主向生态利用为主转移的步伐，实现天然林资源有效保护与合理利用的良性循环。以保护为主，让天然林休养生息，尽快扭转天然林生态系统处于逆向演替、次生演替的局面，森工企业完成战略性转移；中期以培育为主，利用封山育林、人工造林等措施促进天然林生态系统的恢复，加速其顺向演替的进程。与此同时，要以提升林区经济结构和产业结构为主线，积极培育林区后续产业，适度利用林内资源；长期以合理利用为主，完善保育体系，以实现森林生物多样性愈益丰富、森林生态系统良性循环和生态产业健康发展、生

产资源的可持续经营。

加大野生动植物保护、湿地保护、自然保护区的建设力度，使自然资源、野生动植物资源、湿地资源进一步得到有效保护及发展。大力开展珍稀濒危野生动植物种专项保护工程。以就地保护为主，迁地保护为辅，保护、恢复和扩大野生动植物栖息地，实现濒危重要种质资源保存与典型生态系统的保护，维护和丰富森林生物多样性，显著提高我国生物多样性保护的规模、水平和成效。

实施退耕还林是改变不合理的土地利用和耕作方式、减少水土流失、根治水患的根本措施，是农村经济结构战略性调整的重要途径，是生态建设外延上的扩展。按照"退耕还林，封山绿化，以粮代赈，个体承包"的总体思路，对中西部地区粮食产量低而不稳、水土流失和风沙危害严重的坡耕地和沙化耕地实施退耕还林。

开展荒漠化防治是21世纪上半叶我国生态环境建设的重要任务之一，也是我国实施西部大开发战略的重要保障。根据"以防为主、保护优先，积极治理，合理利用，恢复植被，协调发展"的原则和"防、治、用"相结合的防治方法，按照风沙化土地治理区、水土流失治理区、退化草原治理区、其他退化土地治理区的布局，重点实施京津风沙源治理工程和"三北"防护林体系建设工程。近期治理一批负面影响较大、危害较为严重的土地，初步遏制荒漠化扩展的趋势，使荒漠化地区的生态环境得到初步改善；中长期建设比较完备的生态防护体系和比较发达的产业体系，使荒漠化地区生态环境得到极为明显的改善。

## （二）积极发展商品林等绿色产业

以商品林的大发展带动林业产业的大发展，以林产加工业的大发展带动森林资源培育业的大发展，以森林旅游业的大发展带动森林服务业的大发展，满足经济社会发展和人民生活对森林产品及服务日益增长的需求。在立地条件好，不会造成水土流失的地区，结合区域特色，建立产业带，加快丰产林的建设步伐，逐步实现以采伐天然林为主向采伐人工林为主的转变，积极培育工业原料林、经济果木林、竹藤花卉等商品林，大力发展林产品的精深加工、林浆纸的一体化以及可再生、可降解的木质及非木质新型复合材料，加速推进森林旅游等服务业的发展，提高森林资源综合利用率，实现国内林产品供需平衡。

积极面对经济全球化、贸易自由化的机遇与挑战，要充分利用"绿箱政策"，特别是有效利用结构调整支持、环境计划支持、地区援助支持等手段，加强林业可持续发展的能力建设，提高产业的国际竞争力；实施木材资源进口替代和木材加工产品出口导向相结合的开放战略，充分利用国际国内两个市场、两种资源，在国际贸易中加大林产品进口力度，在实施"走出去"战略中加大对国外林业资源的开发，以满足国内需求的力度；充分利用国际资源，弥补国内需求缺口，发挥比较优势以形成多层次的对外开放格局；认真履行与林业有关的国际公约，积极参与国际森林政策对话和区域进程，制定相关的森林认证和林产品认证标准；积极利用国际多双边援助，加强林业领域的国际合作，加快国际接轨步伐，大力发展外向型经济，扩大林业发展空间。

### （三）科学经营，实现森林木质和非木质资源以及生态资源的可持续利用

以科技为先导，以创新为动力，大幅度提高林业生态建设和产业建设的质量和效益，建设高效、集约、持续的现代林业，必须把林业新科技革命作为推动生产力发展的强大动力和根本途径。按照分类经营和比较优势原则，采取定向培育，以高新技术与传统技术相结合的方式加强森林科学经营，实现木质和非木质森林资源以及生态资源的持续利用。面向林业建设主战场，围绕西部生态环境建设和六大林业重点工程建设，强化科技先导，加速林业科技成果转化推广和科技产业化，突破"技术瓶颈"，为其提供科技支撑。以实施林业专利、标准、人才战略为重点，全面贯彻"依靠""面向""攀高峰"的科技工作基本方针，促进全行业的科技进步，努力实现林业生态建设和产业建设的高质量、高效益发展，为满足国民经济和社会对森林产品及服务的多样化需求提供强大的科技支撑和不竭的发展动力。

林业可持续发展的基础是森林资源的可持续经营。保护森林资源是为了更好地对其进行利用，而科学合理的利用又能够有效促进保护，只有科学经营才能使森林资源的三大效益可持续协调发挥。要结合中国国情，借鉴世界林业发达国家"多效益综合经营模式"，发挥森林资源的多功能优势，在生态优先的前提下，改变林地利用结构、林种结构和产业结构不合理的状况，实现林业结构优化。在增长方式上实现由粗放经营向集约经营转变；在科技上要实现由低度化向高度化的转变，建立科技创新体制，积极发展数字林业，实现林业管理革命和林业信息化；在经营机制上要勇于创新，制定政策，建立有利于调动全社会力量，多主体参与、多渠道投入、多形式经营的利益激励机制，不断提高林业的服务质量，开创林业发展更广阔的领域和效益空间。

# 第二节 现代林业发展战略布局与目标

按照林业总体战略思想和指导方针规划中国林业发展战略布局与目标。林业生态建设在外延上有扩展，在内涵上突出了生态优先、保护为主的特点，体现了新时期林业发展态势及其以生态建设为主、经济社会效益兼顾的时代特征。在以往林业建设成效的基础上进行林业生产力结构、布局的重新配置，形成以重点工程为中心，生态建设主线突出的林业生产力布局，以满足未来国民经济和社会发展对林业的多种需求，因地制宜，突出主导功能和相互之间的有机联系。不同林业工程的建设目标、规划布局和具体任务都有明确的指向性，这体现了林业生态体系和林业产业体系是一个相辅相成、互相促进的有机整体。在市场经济条件下，这有利于拓宽林业建设的发展环境，有利于在国家和全社会确立林业生态建设的主体地位，有利于各级政府对工程建设的支持，有利于聚集社会的力量，促进林业生产要素的优化配置，为加快实现生态良好、资源丰富、优质高效的可持续发展进程创造重要条件。

## 一、战略布局

### （一）总体布局

林业发展要以天然林资源保护、退耕还林、"三北"及长江流域等重点防护林体系建设、京津风沙源治理、野生动植物保护及自然保护区建设、重点地区速生丰产用材林基地建设等六大林业工程为框架，构建"点、线、面"结合的全国森林生态网络体系，即以全国城镇绿化区、森林公园和周边自然保护区及典型生态区为"点"，以大江大河、主要山脉、海岸线、主干铁路公路为"线"，以东北内蒙古国有林区，西北、华北北部和东北西部干旱半干旱地区，华北及中原平原地区、南方集体林地区、东南沿海热带林地区、西南高山峡谷地区、青藏高原高寒地区等八大区为"面"，实现森林资源在空间布局上的均衡、合理配置。

东北内蒙古国有林区以天然林保护和培育为重点，华北中原地区以平原防护林建设和用材林基地建设为重点，西北、华北北部和东北西部地区以风沙治理和水土保持林建设为重点，长江上中游地区以生态和生物多样性保护为重点，南方集体林区以用材林和经济林生产为重点，东南沿海地区以热带林保护和沿海防护林建设为重点，青藏高原地区以野生动植物保护为重点。

## （二）区域布局

### 1. 东北林区

东北林区以实施东北内蒙古重点国有林区天然林保护工程为契机，来促进林区由采伐森林为主向管护森林为主转变，通过休养生息恢复森林植被。

这一地区主要具有原料的指向性（可以来自俄罗斯东部森林），兼有部分市场指向性（可以出售至国外），应重点发展人工用材林，大力发展非国境线上的山区林业和平原林业；应提高林产工业科技水平，减少初级产品产量，提高精深加工产品产量，从而用较少的资源消耗获得较大的经济产出。

### 2. 西北、华北北部和东北西部干旱半干旱地区

实行以保护为前提、全面治理为主的发展策略，在战略措施上应以实施防沙治沙工程和退耕还林工程为核心，并对现有森林植被实行严格保护。

一是在沙源和干旱区全面遏制沙化土地扩展的趋势，特别是要对直接影响京津生态安全的沙尘暴多发地区进行重点治理。在沙漠仍在推进的边缘地带，以种植耐旱灌木为主，建立起能遏制沙漠推进的生态屏障。对已经沙化的地区进行大规模的治理，扩大人类的生存空间。对沙漠中人们集居形成的绿洲，在巩固的基础上不断扩大绿洲范围。

二是对水土流失严重的黄土高原和黄河中上游地区、林草交错带上的风沙地等实行大规模退耕还林还草，按照"退耕还林、封山绿化、以粮代赈、个体承包"的思路将退化耕地和风沙地的还林还草和防沙治沙、水土治理紧密结合起来，大力恢复林草植被，以灌草养地。为了考虑农民的长远生活和地区木材等林产品的供应，在林灌草的防护作用下，适当种植用材林和特有经济树种，发展经济果品及深加工产品。

三是对仅存的少量天然林资源实行停伐保护，使国有林场职工逐步分流。

### 3. 华北及中原平原地区

发展农林业或种植林业。一方面建立完善的农田防护林网，保护基本耕地；另一方面，由于农田防护林生长迅速，应引导农民科学合理地利用沟渠路旁、农田林网带、滩

涂植树造林,通过集约经营培育平原速生丰产林,从而不断地产出用材,满足木材加工企业的部分需求,实现生态效益和经济效益的双增长。同时,在靠近城市的地区,发展高投入、高产出的种苗花卉业,满足城市发展和人民生活水平的需要。

### 4. 南方集体林地区

南方集体林地区的主要任务是有效提高森林资源质量,建设优质高效的用材林基地;集约化生产经济林,大力发展水果产业,加大林业产业的经济回收力度。调整森林资源结构和林业产业结构,提高森林综合效益。在策略上首先应搞好分类经营,明确生态公益林和商品林的建设区域。结合退耕还林工程,加快对尚未造林的荒山荒地、陡坡耕地和灌木林的改造,利用先进的营造林技术对难利用的土地进行改造,尽量扩大林业规模,强化森林经营管理,缩短森林资源的培育周期,提高集体林质量和单位面积的木材产量。另外,通过发展集团型林业企业,对森林资源初级产品进行深加工,提高精深加工产品的产出。

### 5. 东南沿海热带林地区

东南沿海热带林地区的主要任务是在保护好热带雨林和沿海红树林资源的前提下,发展具有热带特色的商品林业。在策略上主要实施天然林保护工程、沿海防护林工程和速生丰产用材林基地建设工程,在适宜的山区和丘陵地带大力发展集约化速生丰产用材林、热带地区珍稀树种大径材培育林、热带水果经济林、短伐期工业原料林。

### 6. 西南高山峡谷地区

西南高山峡谷地区的主要任务是建设生态公益林,改善生态环境,确保大江大河的生态安全。在发展策略上应以保护天然林、建设江河沿线防护林为重点,以实施天然林保护工程和退耕还林工程为契机,将天然林保护同退耕还林、荒山荒地治理结合进行。在地势平缓、不会形成水土流失的适宜区域发展一些经济林和速生丰产用材林、工业原料林基地;在缺薪少柴的地区发展一些薪炭林,以缓解农村烧柴对植被破坏的压力。同时,大力调整林业产业结构,提高精深加工产品的产出,重点发展人造板材。

### 7. 青藏高原高寒地区

青藏高原高寒地区的主要任务是保护高寒高原典型生态系统。应采取全面的严格保护措施,适当辅以治理措施,防止林、灌、草植被退化,增强高寒湿地涵养水源的功能,确保大江大河中下游的生态安全。同时,要加强对野生动物的保护、管理和执法力度。

## （三）依据不同地域林业的主导功能区划布局

### 1. 构建点、线、面相结合的森林生态网络

良好的生态环境应该建立在布局均衡、结构合理、运行通畅的植被系统的基础之上，森林生态网络是这一系统的主体。当前我国生态环境不良的根本原因是植被系统的不健全，而要改变这种状况的根本措施就是建立一个合理的森林生态网络。

建立合理的森林生态网络时应该充分考虑下述因素：一是森林资源总量要达到一定面积，即要有相应的森林覆盖率。按照测算，森林覆盖率至少要达到26%。二是要做到合理布局。从生态建设需要和我国国情出发，今后恢复和建设植被的重点区域应该是生态问题突出、有林业用地但又植被稀少的地区，如西部的无林少林地区、大江大河源头及流域、各种道路两侧及城市、平原等。三是提高森林植被的质量，做到林种、树种、林龄及森林与其他植被结构搭配合理。四是有效保护好现有的天然森林植被，充分发挥森林天然群落特有的生态效能。从这些要求出发，以林为主，因地制宜，实行乔灌草立体开发，从微观的角度解决环境发展的时间与空间、技术与经济、质量与效益结合的问题。同时，点、线、面协调配套，从宏观发展战略的角度，以整个国土生态环境为全局，提出森林生态网络工程总体结构与布局的问题。

"点"指以人口相对密集的中心城市为主体，辐射周围若干城镇所形成的具有一定规模的森林生态网络点状分布区。它包括城市森林公园、城市园林、城市绿地、城郊接合部以及远郊大环境绿化区（森林风景区、自然保护区等）。随着经济的持续高速增长，我国城市化发展趋势加快，尤其是经济比较发达的珠江三角洲、长江三角洲、胶东半岛以及京、津、唐地区，其已经形成了城市走廊（或称城市群）的雏形。因此，以绿色植物为主体的城市生态环境建设已成为我国森林生态网络系统工程建设不可缺少的一个重要组成部分，引起了全社会和有关部门的高度重视。根据国际上对城市森林的研究和我国有关专家的认识，现代城市的总体规划必须以相应规模的绿地比例为基础（国际上通常以城市居民人均绿地面积不少于10平方米作为最低的环境需求标准）。同时，按照城市的自然、地理、经济、社会状况、已用城市规划、城市性质等确定城市绿化指标体系，并制定城市"三废"（废气、废水、废渣）排放以及噪声、粉尘等综合治理措施和专项防护标准。近年来，在国家有关部门提出的建设森林城市、生态城市及园林城市、文明卫生城市的评定标准中，其均把绿化达标列为重要依据，表明我国城市建设正逐步进入

法治化、标准化、规范化的轨道。

"线"指以我国主要公路、铁路交通干线两侧、主要大江与大河两岸、海岸线以及平原农田生态防护林带（林网）为主体，按不同地区的等级、层次标准以及防护目的和效益指标，在特定条件下，通过不同方式进行结合的乔灌草立体防护林带。这些林带应达到一定规模，并可发挥防风、防沙、防浪、护路、护岸、护堤、护田防病等职能。

"面"指以我国林业区划的东北区、西北区、华北区、南方区、西南区、热带区、青藏高原区等为主体，以大江、大河流域或山脉为核心，根据不同自然状况所形成的森林生态网络系统的块状分布区。它包括西北森林草原生态区、各种类型的野生动植物自然保护区以及正在建设中的全国重点防护林体系工程建设区等，形成以涵养水源、水土保持、生物多样化、基因保护、防风固沙以及用材等为经营目的、集中连片的公益林生态网络体系。我国森林生态网络体系工程点、线、面相结合，从总体布局上是一个相互依存、相互补充，共同发挥社会公益效益，维护国土生态安全的有机整体。

2. 重点突出环京津生态圈，长江、黄河两大流域，东北片、西北片和南方片三大片

（1）环京津生态圈。环京津生态圈是首都乃至中国的形象。在这一生态圈建设中，防沙治沙和涵养水源是两大根本任务，它对降低这一区域的风沙危害、改善水源供给、优化首都生态环境、提升首都国际形象等具有特殊的经济意义和政治意义。这一区域包括北京、天津、河北、内蒙古、山西5个省、自治区、直辖市的相关地区。生态治理的主要目标是为首都阻沙源、为京津保水源，并为当地经济发展和人民生活开拓财源。

生态圈建设的总体思路是加强现有植被保护，大力封沙育林育草、植树造林种草，加快退耕还林还草，恢复沙区植被，建设乔灌草相结合的防风固沙体系；综合治理退化草原，实行禁牧舍饲，恢复草原生态和产业功能；搞好水土流失综合治理，合理开发利用水资源，改善北京及周边地区的生态环境；缓解风沙危害，促进北京及周边地区经济和社会的可持续发展。其主要任务是造林营林，包括退耕还林、人工造林、封沙育林、飞播造林、种苗基地建设等；治理草地，包括人工种草、飞播牧草、围栏封育、草种基地建设及相关的基础设施建设；建设水利设施，包括建立水源工程、节水灌溉、小流域综合治理等。基于这一区域多处在风沙区、经济欠发达区和靠近京津、有一定融资优势的特点，生态建设应尽可能选择生态与经济结合型的治理模式，视条件发展林果业，培植沙产业，同时注重发展非公有制林业。

（2）长江和黄河两大流域。这一地区主要包括长江及淮河流域的青海、西藏、甘肃、四川、云南、贵州、重庆、陕西、湖北、湖南、江西、安徽、河南、江苏、浙江、山东、上海17个省、自治区、直辖市。其建设思路是：以长江为主线，以流域水系为单元，以恢复和扩大森林植被为手段，以遏制水土流失、治理石漠化为重点，以改善流域生态环境为目标，建立起多林种、多树种相结合，生态结构稳定和功能完备的防护林体系。主要任务是：开展退耕还林、人工造林、封山（沙）育林、飞播造林及低效林改造等工作。同时，要注重发挥区域优势，发展适销对路和品种优良的经济林业，培植竹产业，大力发展森林旅游业等林业第三产业。

在黄河流域，重点生态治理区域是上中游地区，主要包括青海、甘肃、宁夏、内蒙古、陕西、山西、河南的大部分或部分地区。生态环境问题最严重的是黄土高原地区，其总面积约64万平方千米，是世界上面积最大的黄土覆盖地区，气候干旱，植被稀疏，水土流失十分严重，流失面积占黄土高原总面积的70%，是黄河泥沙的主要来源地。建设思路是：以小流域治理为单元，对坡耕地和风沙危害严重的沙化耕地实行退耕还林的政策，实行乔灌草结合，恢复和增加植被；对黄河危害较大的地区要大力营造沙棘等水土保持林，减少粗沙流失危害；积极发展林果业、畜牧业和农副产品加工业，帮助农民脱贫致富。

（3）东北片、西北片和南方片。东北片和南方片是我国的传统林区，既是木材和林产品供给的主要基地，又是生态环境建设的重点地区；西北片是我国风沙危害、水土流失的主要区域，是我国生态环境治理的重点和"瓶颈"地区。

东北片肩负着商品林生产和生态环境保护的双重重任，总体发展战略是：通过合理划分林业用地结构，加强现有林和天然次生林保护，建设完善的防护体系，防止内蒙古东部沙地东移；通过加强三江平原、松辽平原农田林网建设完善农田防护林体系，综合治理水土流失，减少坡耕地冲刷；加强森林抚育管理，提高森林质量；合理区划和建设速生丰产林，实现由采伐天然林为主向采伐人工林为主的转变，提高木材及林产品供给能力；加强与俄罗斯东部区域的森林合作开发，强化林业产业，尤其是木材加工业的能力建设；合理利用区位优势和丘陵浅山区的森林景观，发展森林旅游业及林区其他第三产业。

西北片面积广大，地理条件复杂，有风沙区、草原区，还有丘陵、戈壁、高原冻融区等。这里主要的生态问题是水土流失、风沙危害及与此相关的旱涝、沙暴灾害等，治理重点是植树种草，改善生态环境。其主要任务是切实保护好现有的天然生态系统，特别是长江、黄河源头及流域的天然林资源和自然保护区；实施退耕还林，扩大林草植被；大力开展沙区，特别是沙漠边缘区，造林种草，控制荒漠化扩大趋势；有计划地建设农田和草原防护林网；有计划地发展薪炭林，逐步解决农村能源问题；因地制宜地发展经济林果业、沙产业、森林旅游业及林业多种经营业。

南方片自然条件相对优越，立地条件好，适宜森林生长；全区经济发展水平高，劳动力充足，交通等社会经济条件好；集体林多，森林资源总量多，分布较为均匀；林业产业特别是人工林培育业发达，森林单位面积的林业产值高，适生树种多，林地利用率高，林地生产率较高。总体上，这一地区具有很强的原料和市场指向，适宜大力发展森林资源培育业和培育、加工相结合的大型林业企业。其主要任务是有效提高森林资源质量，调整森林资源结构和林业产业结构，提高森林综合效益；建设高效、优质的定向原料林基地，将未来林业产业发展的基础建立在主要依靠人工工业原料林上，同时大力发展竹产业和经济林产业；进行深加工和精加工，大力发展木材制浆造纸业，扶持发展以森林旅游业为重点的林业第三产业及建立在高新技术开发基础上的林业生物工程产业。

## 二、战略目标

### （一）现代林业发展的总体目标

经过多年的不懈努力，到21世纪中叶，全国适宜治理的荒漠化土地基本得到了治理，适宜的土地基本完成了绿化，典型森林、湿地与荒漠生态系统和国家重点保护野生动植物种群得到了有效保护，森林覆盖率达到并稳定在28%以上；全国生态环境明显改善，基本建成了资源丰富、功能完善、效益显著、生态良好的现代林业，满足了国民经济与社会发展对林业的生态、经济和社会的需求，实现了我国林业的可持续发展。

### （二）阶段性目标

力争到2035年，初步实现林业现代化，生态状况根本好转，美丽中国目标基本实现。森林覆盖率达到26%，森林蓄积量达到210亿立方米，每公顷森林蓄积量达到105立方米，乡村绿化覆盖率达到38%，林业科技贡献率达到65%，主要造林树种良种使用率达到85%，湿地面积达到8.3亿亩，75%以上的可治理沙化土地得到治理。

力争到21世纪中叶，全面实现林业现代化，迈入林业发达国家行列，生态文明全面提升，实现人与自然的和谐共生。森林覆盖率达到世界平均水平，森林蓄积量达到265亿立方米，每公顷森林蓄积量达到120立方米，乡村绿化覆盖率达到43%，林业科技贡献率达到72%，主要造林树种良种使用率达到100%，湿地生态系统质量全面提升，可治理沙化土地得到全面治理。

## 三、战略途径

中国是最大的发展中国家，一方面，人口、资源、环境的现状决定了林业建设的任务将是长期而又十分艰巨的；另一方面，经济社会发展对林业的迫切需求又不允许我国再继续走世界多数发展中国家生态环境先破坏、后治理，边破坏、边治理的老路。

中国林业要走上可持续发展道路，其战略途径是：以六大林业工程为载体，以科技创新为先导，以体制改革为动力，推动林业跨越式发展，使之从以木材生产为主跨入以生态建设为主的新阶段。我国的生态环境由目前的局部治理、整体恶化转向生态稳定、良性发展；林业经济增长方式由目前的粗放、低效、高耗转向集约、高效、低耗；林业科学技术由目前的落后技术转向高新技术，最终实现中国林业的可持续发展。

## 第三节 现代林业发展战略实施建议

对于中国这样一个生态环境脆弱，保护建设任务长期而艰巨的少林国家，没有千百万人的造林积极性，就不可能实现森林资源的可持续经营；而在市场经济条件下，没有物质利益，又不可能有经营者积极性的持久。因此，没有经济效益的林业是没有活力、没有后劲、没有希望的林业；没有森林产品、生态服务和森林文化等公益型林业的发展和社会需求拉动，就没有林业发展与国家和全民利益的融合以及公共财政投入的保障。

那么，森林资源保护和生态林业建设也将难以进行。我国林业的许多问题之所以长期未得到有效解决，重要的原因是林业生产关系不适应林业生产力的发展。林业要与时俱进，必须紧紧抓住世纪之初的战略机遇期，深化市场改革，从体制、制度和政策上消除束缚林业生产力发展的障碍，以发展的新思路、改革的新突破、开放的新局面，全面实施林业发展战略。

## 一、建设生态发展的重要指标

### （一）将生态建设指标列为国民经济和社会发展的重要指标

自然资源是经济发展的基础，资源的丰度和组合配置质量水平是国家实力和素质的体现。经济决策对生态环境的影响极大，尤其在长江、黄河上中游地区以及荒漠化治理区等生态脆弱的地区，生态环境建设是国家的第一需求，是当地经济和社会发展的前提条件。森林生态产品及服务是重要的公共产品。在市场经济体制下，要积极加强森林生态价值（效益、成本）评估与核算指标体系建设，创造条件把森林生态资产的保值增值纳入国民经济核算体系。培育生态服务市场，推动生态效益货币化、资产化。进一步完善现行的森林生态效益补偿制度，逐步建立生态税收机制，建立起森林生态产品及服务投入产出的良性循环机制。在全国，尤其是西部重点生态地区，根据不同的植被建设结构，分别制定不同区域、不同类别的生态建设指标，将生态建设指标列为国民经济社会发展的重要指标。

### （二）从宏观管理入手，逐步建立资源开发生态环境影响评价制度

矿产资源开发、旅游资源开发以及进行各种基本建设等征占用林地时必须履行资源开发生态环境影响评价制度。改变工业经济增长方式，按照生态文明社会的标准对生产、交换、消费进行渐进性的、区域性的彻底改造。从产品设计到产业结构和产业发展都要按照生态保护和生态平衡的要求进行，利润最大化的经济标准应该服从社会的生态标准，以生态优先、资源的可持续经营利用来保障经济的可持续发展，实现生态现代化和经济发展、社会发展的统一。

## 二、建立林业建设的投入机制

根据林业的公益性特征，国家应加大对林业的支持力度，将国家生态建设纳入公共财政预算，设立专项资金，确保国家重点林业工程、林业科研、技术推广、资源管理、生态移民投入的长期稳定。按照事权、财权划分的原则明确各级政府在生态环境建设中的责任和义务，分别实行全额支付和补助支付、直接支付和转移支付等不同的公共财政支持方式。根据我国东部地区与西部地区的不平衡发展现状，实行差别扶持方式，保证西部林业生态建设的顺利进行。

积极吸引社会力量投资林业。运用市场手段履行全民义务植树的责任，积极开拓筹集社会资金的渠道；加大森林生态效益补偿基金补偿的力度；加大信贷投入，延长贷款年限，调整国家的债务结构，设立中长期专项债券支持林业，对于没有收益或亏损的公益林经营管理，应通过财政拨款解决，还可通过发行20~30年期的国债来解决；对于微利林业企业，应由国家开发银行发放财政贴息贷款，也可通过发行贴息企业债券予以支持；稳定以工代赈、以粮换林政策的支持年限；商品林建设逐步形成以市场融资为主、政府适当扶持的投入机制；采取优惠政策，鼓励广大农民、企业和社会各界投资发展林业，应允许自然人发起筹集股本，商业银行根据贷款原则，对筹集到的股本予以贷款；开通商业资金进入林业的渠道，使商品林建设成为具有比较优势的投资领域，使务林者有利可图。

## 三、对林业实行减免税赋政策

本着公平税赋，让利于民的原则，确立合理的林业税基、税目和税率。整顿税制和乱收费问题，把切实减轻林农和林业企业的税费负担作为政府税费改革的重要内容，调减林产品的农业特产税，同时加大对经济贫困地区中央财政转移支付的力度。国内外企业以税前利润投资造林，国家免征所得税。改革育林基金制度，根据林业发展战略需要，调整和完善林业税收政策。

## 四、改革森林资源管理体制

### （一）改革重点国有林区管理体制

抓住国家实施天然林资源保护工程，林业由以木材生产为主向以生态建设为主的这一重大战略转移的历史机遇，加速推进重点国有林区的管理体制改革。

在重点国有林区，要创造条件推进政府与企业分离；实行森林资源国家所有，中央和省（自治区）两级代表国家履行出资人职责，享有所有者权益，权利、义务和责任相统一，管资产、管人、管事相结合的管理体制，建立国家林业行政主管部门、国有森林资源管理机构、林业企业"三权分离"的制衡机制。国家林业行政主管部门行使对森林资源的规划、调控、执法监管，授权国有森林资源管理机构负责森林资产运营；林业企业不再承担对森林资源的行政管理职能，并将社会管理职能移交给地方政府，成为完全的市场主体，与国有森林资源管理机构建立市场化契约关系，确保森林资源的可持续经营，加速林区产业结构调整，完善社会保障制度，实现森工企业改制转型。

### （二）改革现行森林资源管理制度

将森林资源管理的重点转移到森林资源配置宏观战略规划，提出合理的森林资源空间布局；建立和完善全国森林灾害监测、荒漠化动态监测等监测体系及预警制度；健全森林资源调查评价技术体系；健全森林可持续经营的标准和指标体系、林产品贸易森林认证体系；提高资源管理的现代化水平和资源配置的市场化水平，建立起林业经营者自身利益与森林资源消长平衡相一致的健康有序的运行机制；处理好森林资源保护发展与合理利用的辩证关系，开创在保护中恢复，在恢复中建设，在建设中发展，在发展中利用的可持续经营道路。

推进林业分类经营，管好公益林，放活商品林。改革商品林采伐限额管理制度，从财产权利的治理出发，维护经营者的自主权。不断简化商品林的采伐管理程序，逐步实行备案制。

## 五、大力发展非公有制林业

推进制度创新，最广泛、最充分地调动一切积极因素，开创多种所有制经济成分共同建设、共同发展的政策环境，追求公正和共同富裕的、法治的林业经营体制。对非公有制林业，要加大政策扶持力度、依法保护力度和科技支撑力度。运用物质利益原则，把林业发展和林业建设者的切身利益最紧密地结合在一起，创造宽松的发展空间，促使国内外资本、技术和劳动力等要素在市场资源配置中流向林业。公益林建设以国家投入为主，确保重点生态保护区公益林封禁严管。一般公益林的建设和管护要积极探索与市场经济体制相适应的有效方式，实行国有民营、国有民养、民有民营，生态效益和经济效益相结合的措施，降低公益林的建设和管护成本，提高经营效益。商品林实行市场为主的配置资源，政府给予必要的扶持。商品林建设要放手发展非公有制林业，培育和规范活立木市场。

在推进林业产业化过程中，政府要大力扶持、培养农民自发组织的各类专业合作社和专业协会，建立会员制度，发挥其中介作用。利用退耕还林和农业结构战略性调整的有利时机，通过承包、租赁、股份合作等多种形式，推行"公司加农户"，大力扶持发展规模化、集约化、产业化、市场化、组织化程度起点高的民营林业，把千家万户的农民与大市场连在一起。

对于地处边远偏僻、生态环境脆弱地区的大面积集中连片的宜林荒山、荒地、荒滩、荒沙，可以由国家统一规划，集中投资建设。打破行政区划和所有制界限，通过市场化工程招标承包方式，选择专业造林队伍，集中力量、集中时间、集中连片，大规模地植树造林种草。乡村农民林业合作社或林业协会，部队或农垦建设兵团，企业、林场、造林公司均可参与。工程结束后，造林地可由当地政府林业主管部门按照就近集中管护的原则交由当地国有林场、自然保护区或乡村林场管护，也可以依法有偿流转，还可以采取异地投资，委托中介造林、管护经营，让投资者依法拥有林地的使用权和森林、林木的所有权。发挥资源比较优势，培育和扶持生态友好、市场前景乐观的新的经济增长点，把相关工作人员转化为参与林业建设的人力资源。

## 六、深化林地产权制度改革

进一步深化林地产权制度改革，以林地使用权、物权化为方向，稳定所有权，完善承包权，放活经营权，保护经营者的合法权益，使其享有相应的林产品处置权和受益权。把农村林业经济纳入社会主义市场经济的轨道，尊重农户的市场主体地位，推动经营体制创新。把改善农民生存环境和经济条件作为发展农村林业的根本目的，把最大限度地调动农民参与林业建设的积极性作为制定政策的出发点，尊重农民的经营自主权和财产保有权，从法律上保障产权主体对其权益的预期稳定化。依据《中华人民共和国森林法》规定，坚持依法、自愿、有偿的原则，完善森林、林木、林地使用权依法流转制度。放宽放活宜林荒山、荒地、荒滩、荒沙的使用权，让愿意造林并能够造林者有用武之地，对不同经济成分的林业经营者的合法权益实行同等政策待遇和法律保障。

## 七、实行积极的生态移民政策

为了缓解人口对资源和环境的压力，对于国家重点自然保护区和因植被破坏、当地居民丧失基本生存条件的生态极度脆弱区，政府应设立财政专项资金，实行积极的生态移民政策，使这些区域通过封禁保护，得以休养生息，生物多样性得到保护，生态环境得到改善。

政府将生态移民作为西部生态保护建设的配套工程来运作。生态移民易地安置方式要与小城镇建设、生态治理、产业脱贫有机地结合起来。建立移民新区，对农、林、牧，水、路、电等基础设施建设工程要进行通盘规划，妥善解决移民的生产、生活安置问题，同时通过生态治理者享有优先权等土地使用权政策，激励农民取得保护森林资源、加强治沙力量、推进脱贫致富、不断扩展绿洲等多种效益。

采用新的生产方式培育新的经济增长点是生态移民项目获得成功的关键所在，要立足长远，加强农民学习非农产业技能的培训，以提高他们获取非农就业机会的能力；在条件成熟的前提下，可以优化资源配置为原则，依据自然条件、区域经济实力发展和资源分布，以县级市为中心，归并生态环境恶劣、人口稀少的乡镇。将生态移民与城镇生态建设相结合，集中力量加速资源基础、地域经济、物流条件、人文环境相对优越的中小城镇建设。

## 八、加强林业社会化服务体系建设

以服务性、公益性为主旨，转变政府职能，改进管理方式，减少行政指令、简化行政审批程序，全面推行依法行政。从机构、职能和技术配置上加强社会化服务体系建设，"变堵为疏""以位创为"，筑造政府与林业经营者之间的桥梁。充分发挥好政府的调控、指导和服务作用，群众的建设主体作用，市场的资源配置作用，科技的支撑作用，政策的激励作用和法治的规范作用。在推进林业产业化进程中，政府要大力扶持、培养农民自发组织的各类专业合作社和专业协会，建立会员制度，发挥其中介作用。采取多种形式加强基层林业政策、法律、法规和科技培训等普及教育，提高林业人力资源的整体素质，造就能够运用现代林业科技与管理方法、懂得以法律保障自身权益的现代林业建设群体。

## 九、转换农村能源利用方式

农村能源问题不解决，森林资源恢复和保护就难以实现。政府可以采取政府财政专项扶持和技术支持政策，大力研发和推广高效、节能、价廉、易于操作的实用型生物能源（薪炭林、沼气）和自然能源（太阳能、风能、小水电）等农村能源建设。对国家级贫困县，在适当发展一些能兼顾生态目标和烧柴需要的速生、萌生的薪炭林，在解决现实问题的同时，要以专项投资，无偿帮助农民解决自然能源等基础设施建设问题。逐步转换能源利用方式，降低农民日常生活对森林资源的压力，要确保退耕还林后能成林、成材。

## 十、建立与林业发展相适应的体制

当前我国林业建设的指导思想已由以木材生产为主转向了以生态建设为主，林业行政管理部门也随之由专业经济管理部门转为了执法监管、公共服务、宏观调控的部门。在社会主义市场经济条件下，林业承担的生态建设和促进发展的双重使命决定了政府要进一步强化与林业建设任务和管理职能相适应的机构建设，并将其纳入政府序列，以保障政府对森林资源的统一监督管理，完成艰巨的生态建设任务。同时，要进一步加强林业法治建设，加强林业专项立法，严格执法监管，增强普法实效，为林业健康发展提供法律服务与保障。提高林业行政效率，降低行政成本，形成行为规范，运转协调、公正透明、廉洁高效的行政管理体制。

# 第四章 林业生态环境建设的发展战略

2021年7月，在庆祝中国共产党成立100周年大会上，习近平总书记代表党和人民庄严宣告："经过全党全国各族人民持续奋斗，我们实现了第一个百年奋斗目标，在中华大地上全面建成了小康社会，历史性地解决了绝对贫困问题，正在意气风发向着全面建成社会主义现代化强国的第二个百年奋斗目标迈进。"在这一大背景下，林业发展也正处于全面调整、实施战略转折的关键时期，建立新的林业生态环境建设发展战略具有重大意义。

## 第一节 社会生态环境建设对林业的需求

生态环境是人类生存和发展的基本条件，是经济和社会发展的基础。因此，保护和改善生态环境，实现可持续发展，是我国社会主义现代化强国建设中必须始终坚持的一项基本方针。中华人民共和国成立以来，我国为改善生态环境作出了巨大努力，取得了很大的成绩。但是，我国自然生态环境仍很脆弱。脆弱的生态环境给经济和社会发展带来巨大的压力，加剧了自然灾害的发生，严重影响了可持续发展。就全世界而言，生态环境的急剧恶化已对人类生存和发展构成了严重威胁，引起了几乎所有国家的关注。各国政府都在为改善生态环境做着各方面的努力。

要想搞好生态环境建设，从而实现生态系统的稳定、高效和良性循环，首先就要搞好林业建设。从这个意义上说，社会对林业的需求首先是对林业在生态环境建设中的功能和作用的需求，即保护和发展森林资源，改善生态环境成为国家对林业的主导需求。

林业建设必须首先并主要满足这一需求。

## 一、需要给林业以新的定位

如前所述，林业在改善生态环境建设中发挥着不可替代的作用，同时林业生产又是社会生产中的一个重要组成部分。因此，当前必须彻底改变传统的以生产木材为中心，以获取经济效益为主要目标的林业建设指导思想，给林业以新的定位。

20世纪50年代，我国将林业定位为国民经济的一个"重要物质生产部门"，形成了以生产木材为中心的林业建设指导思想。20世纪70年代末，生态环境建设日益受到重视，林业定位又被调整为"既是重要的基础产业，又是重要的公益事业"。这一定位使人们对林业在社会生态环境建设中的重要作用有了一定认识。但是认识还远未到位，以生产木材为中心的林业建设指导思想和经营管理体制并未从根本上转变。"以营林为基础"的林业建设方针不能真正落实；森林依然被过伐，可采资源持续减少，大片国有林区林业企业出现了严重的"两危"（森林资源危机、经济危困）局面，森林生态系统遭到了破坏，风沙水旱等自然灾害加剧，以致长江、松花江和嫩江发生了特大水灾，北京等一些地区出现了严重的沙尘暴。这充分说明必须重新给林业以正确定位。

当今林业的定位是"森林是陆地生态系统的主体，林业是生态环境建设的主体，是从事维护国土生态安全，促进经济社会可持续发展，以向社会提供森林生态服务为主的行业，承担着培育、管护和发展森林资源，保护生物多样性、森林景观、森林文化遗产和提供多种林产品的根本任务，肩负着优化生态环境与促进经济发展的双重使命"。

## 二、需要确保森林资源系统的良性循环

森林是陆地生态系统的主体，森林生态系统同时也是森林资源系统。森林资源既是林业建设的物质基础，又是社会生态环境建设的物质基础。没有森林资源系统的良性循环，就没有社会生态系统的良性循环。林业要发挥生态环境建设的主体作用，其主要是通过合理培育、管护、发展来实现和保持森林资源系统良性循环。森林资源系统的良性循环主要表现在如下方面：

第一，森林资源系统本身是复杂的，是以林木资源为主体，由多种资源有机构成的综合自然资源体。

第二，森林资源的数量是足够的。其主要体现在主体林木资源的总面积、总蓄积量、人均面积和蓄积量、森林覆盖率上，其都能满足生态环境建设的需要。

第三，森林资源的分布是均衡的，并体现了地域分布的规律。这既要体现森林资源在国土上覆盖的普及性，又要确保大江大河的源头等生态环境建设在关键地区的较大量的分布。在水、土、交通等条件较好的地域也能在保证生态环境建设要求的前提下，合理地分布以生产木材等产品为主要任务的人工用材林。

第四，森林资源的结构是合理的。这主要体现在以林木资源为主体的多种资源结构，如林木资源的林种结构、树种结构、龄级结构等的优化，以便有效发挥森林资源的多种生态功能。同时，还要保持人工林与天然林的合理比例。

第五，森林资源的质量是优良的。除森林资源分布（也是空间结构）、森林覆盖率和森林资源结构体现的资源质量外，这里主要体现了森林资源本身的优良品质，其与林地结合的高生产率，如优良树种、优质种苗、适地适树、合理混交类型等，以保证其生态功能的高效、长效发展。

## 三、需要确保林业生态效益的发挥

森林资源本身的多功能性决定了林业的三大效益，并且这三大效益又是互相渗透、互相依存、有机组合的效益统一体，应系统地综合发挥，以满足社会的多种需要。即在保证充分发挥（起码不损害）生态效益的前提下，兼顾经济效益等其他效益。另外，为保证发挥生态效益，在生态环境建设中也需要发挥经济效益和社会效益，否则难以有效发挥生态效益，如建设防护林体系时，没有必要的经济效益和社会效益的发挥，就很难保证足够的人、财、物力的投入，就无法使防护林体系发挥充分的生态效益。因此，必须建设生态经济型防护林体系，而不单单是建设纯生态型防护林体系。

## 四、需要确保林业对国民经济的促进作用

要使林业发挥生态环境建设主体作用，就必须深化改革，在体制上、机制上、政策上加以保证，要把构建有效的运行模式作为以生态环境建设为主体的林业发展战略的重要内容。

一是要分类经营。从林业是以向社会提供森林生态服务为主体的行业这一新的定位和肩负着优化生态环境与促进经济发展的双重使命出发，企业和事业管理的结合，一方面要突出生态公益林经营的事业管理；另一方面又要把商品林经营推向市场，使两者协同发展。

二是要以分类经营为重点，进行林业生态体系和林业产业体系建设。林业产业体系建设要寓于、服务于、服从于林业生态体系建设。两大体系不能孤立存在，要有机联系，协同发展。

三是要分区经营、分块突破。按照社会需要和不同区域林业的特点，将全国林业分区划块，实行分区经营、分块突破，其目的是加强林业建设的针对性、目的性和有效性，适应区域经济社会综合发展的需要。各区、块之间也要有机协同发展。

四是要实行大经营、大流通、大财经战略，并使之有机联系、协同发展。

五是要坚持全社会办林业、全民搞绿化的工作，使生态、经济、社会大效益相统一，系统地协同、综合发挥。

六是要对林业实行政策支撑，给予其行政保护、经济扶持和宏观调控。

七是要实现两大系统（林业生态体系、林业产业体系）、两大经营方式（商品经营或企业经营、非商品经营或事业经营）、两大主体（林业部门、全社会）和两大循环（市场小循环和社会大循环）的耦合和协同发展。

八是要实行乔、灌、草结合发展，林业要与农、牧业一道合理利用土地，协同发展。

综上所述，社会生态环境建设对林业提出了更多、更高的需求，林业必须从满足这些需求出发，对自身的发展战略进行调整，建立以生态环境建设为主体的新林业发展战略。

## 第二节 林业生态环境建设的发展战略指导

### 一、林业生态环境建设发展战略的指导思想

建立以生态环境建设为主体的林业发展战略可以表述为：适应时代的要求，以环境与发展为主题，从我国林业的实际出发，以满足社会对林业的多种需求为目的，以可持续发展理论为指导，以全面经营的森林资源为物质基础，以突出生态环境效益，实现生态、经济和社会三大效益的统一和综合发挥为目标，以科教兴林为动力，以建立林业的大经营、大流通、大财经为重点，以分类、分区、分块经营和重点工程建设为途径，以系统协同为关键，确立和实施以生态环境建设为主体的新林业发展战略，实现我国林业的跨越式发展。

#### （一）适应时代的要求

林业的发展必须跟上时代的步伐，建立新的林业发展战略必须适应当今时代特征的要求。当今时代的主要特征体现在以下方面：

（1）知识经济初露端倪，"新经济"时代已经来临。知识经济是建立在知识生产和消费基础上的经济，是低消耗、高效益的经济。高技术和信息产业将在经济中占主导地位；而"新经济"就是由一系列的新技术革命，特别是信息技术革命所推动的经济增长。以知识经济为基础的新经济，正在改变社会的生产和生活方式，其突破了传统体制的束缚，促进了包括林业在内的经济社会的持续、稳定和协调发展。

（2）经济全球化。经济全球化是经济国际化的高级形式，意味着国际上分散的经济活动日益走向一体化。其基本特征就是国际生产和功能一体化，它不仅表现在市场、消费形式和投资上，也表现在对森林与环保的关注上。知识经济（新经济）与经济全球化是相互作用，相互促进的。

（3）市场经济和现代林业。我国正在由过去的计划经济体制向社会主义市场经济体制进行根本性的转变，并还在逐渐完善中；我国林业正在由传统林业向现代林业转变。

建立以生态环境建设为主体的新林业发展战略时必须与这些时代特征相适应。

（二）以环境与发展为主题

环境与发展是当今国际社会普遍关注的重大问题。保护生态环境，实现可持续发展已成为全世界紧迫而又艰巨的任务，直接关系到人类的前途和命运。1992年在巴西召开的联合国环境与发展大会通过了《里约环境与发展宣言》《21世纪议程》《关于森林问题的原则声明》等重要文件，并签署了联合国《气候变化框架公约》《生物多样性公约》。这充分体现了当前人类社会可持续发展的新思想，反映了各国关于环境与发展领域合作的共识和郑重承诺。1994年，我国政府颁布了《中国21世纪议程》，并将其作为制定国民经济与社会发展长期计划的指导性文件。

森林是实现环境与发展相统一的关键和纽带，这已成为当今国际社会的普遍共识。林业肩负着优化生态环境与促进经济发展的双重使命，在实现可持续发展中的战略地位越来越重要。1995年林业部（今"国家林业和草原局"）又率先制定了我国第一个21世纪议程专项行动计划——《中国21世纪议程林业行动计划》。这成为指导我国林业中长期发展计划的指导性文件。建立以生态环境建设为主体的新林业发展战略，必须紧紧扣住环境与发展这一主题。

（三）以满足社会对林业的多种需求为目的

发展林业的根本目的是满足社会需求。社会对林业的需求是多方面的，不仅有对木材和其他有形林产品的需求，还有对森林生态服务这种无形产品的需求。当前经济社会发展对生态环境的要求越来越高，对改善生态环境的要求越来越迫切，生态环境需求已成为社会对林业的主导需求。建立新的林业发展战略，必须充分体现满足社会对林业的多种需求的要求，把培育、管护和发展森林资源、维护国土生态安全、保护生物多样性和森林景观、森林文化遗产等生态环境建设任务作为林业的首要工作和优先职责，力争21世纪中叶建立起生态优先、协调发挥两大效益的比较完备的林业生态体系和比较发达的林业产业体系。

（四）以可持续发展理论为指导

可持续发展思想是20世纪留给我们的最可宝贵的精神财富之一，它反映了全人类实现可持续发展的共同心愿，推动了可持续发展理论的产生和发展，对经济社会发展具有重大的指导作用。可持续发展理论较之传统经济增长理论有质的飞跃,它不仅包含了数量的增加,还包含了质量的提高和结构的提高。它不仅在空间地域上考虑了局域利益,还考虑了全域利益;不仅在时间推移上考虑了当代人的利益,还考虑了后代人的利益;不仅考虑了个别部门、行业单位、个别活动的利益,还考虑了所有部门、行业单位、全部活动的利益。它是多维全方位发展和系统场运行理论,不产生系统外部的不经济性与不合理性。在这一理论指导下,林业的可持续发展或可持续林业应该是在对人类有意义的时空活动尺度上不产生外部不经济性、不合理性的林业,是在森林永续利用理论基础上的新发展和质的飞跃。因此,在建立新的林业发展战略时必须承认可持续发展理论的指导地位。

此外,建立以生态环境建设为主体的新林业发展战略的理论基础是多方面的,它是一个庞大的理论体系。新林业发展战略还必须接受社会主义市场经济理论、系统理论、生态经济理论,以及现代林业理论等的指导。生态经济特别是森林生态经济理论,是生态与经济的耦合理论,是以生态利用为中心,综合发挥森林的生态、经济、社会三大效益的理论;现代林业理论是建立在森林生态经济学基础之上的林业发展理论,它是可持续发展理论在林业发展上的具体化,是在满足人类社会对森林的生态需求基础上,充分发挥森林多种功能的林业发展理论。它对以生态环境建设为主体的新林业发展战略具有直接的和具体的指导作用。

### (五)以全面经营的森林资源为物质基础

森林是陆地生态系统的主体,森林资源是陆地森林生态系统内一切被人类所认识并且可供利用的资源总称。它包括森林、散生木(竹)、林地以及林区内其他植物、动物、微生物和森林环境等多种资源。森林资源是林业赖以存在和发展的物质基础,林业承担着培育、管护和发展森林资源,保护生物多样性、森林景观、森林文化遗产和提供多种林产品的根本任务,其中处于第一位的或处于基础地位的是培育、管护和发展森林资源,不完成这一任务,其他任务都无从完成。因此,建立以生态环境建设为主体的新林业发展战略时,必须清楚地认识到森林资源经营的基础地位。

同时,人们又必须充分地认识到,森林资源是由多种资源构成的综合资源系统,林木资源虽然是其主体资源,但又远不是森林资源的全部,除林木资源以外的其他资源,不仅具有重要价值且大量存在,不予开发利用是一种巨大的浪费,而且它们又是森林生态系统的重要有机组成部分，不管护和经营好这些资源也绝不能真正搞好森林生态环境建设，无法形成稳定、高效、良性循环的森林生态系统。以往长期搞单一林木资源和单一木材生产的林业带给我们的是资源危机、经济危困、生态恶化，教训是惨痛的，不能不深刻汲取。因此，在建立以生态环境建设为主体的新林业发展战略时又必须清醒地认识到要以全面经营的森林资源为物质基础，绝不能再走单一经营的老路。

（六）以突出生态环境效益，实现生态、经济和社会三大效益的统一和综合发挥为目标

森林具有多种功能，通过维持和不断增强森林的多种功能，林业能够给社会创造生态、经济和社会三大效益，这是国民经济和社会发展的客观需要，也是林业存在和发展的目的所在。林业的生态、经济和社会三大效益构成了一个复杂的系统。一方面，三者并非彼此孤立的，而是相互联系、相互渗透、相互依存的。一片森林同时具备这三种功能，存在三种效益，不可能将它们截然分开。我们只是为了从不同角度去认识其特殊性才将它们加以划分。另一方面，在一定条件下，三者又是有矛盾的。有生命的林木资源及附属的生物资源，不开发（采伐、采集等）利用时，虽然能持续发挥生态效益，但却不能有效地发挥经济效益；如果将其采伐（采集等）利用了，虽然发挥了经济效益，但同时也就削弱甚至丧失了生态效益。若更多地追求保护森林景观、提供就业机会等社会效益，也会对经济效益产生不利影响。因此，三大效益实质上是对立统一的关系。

存在三大效益并不等于就发挥了三大效益。虽然依靠自然力的作用，森林资源可以自发发挥一定的效益，但更大的人力干预作用，可以自觉保持和不断增强森林发挥三大效益的能力，这也是为什么要有林业生产经营活动的内在理由。人们进行林业建设时，就是要从满足社会对林业的多方面需要出发，更有效地发挥三大效益。并且将三者统一起来，从社会整体利益出发综合发挥好三大效益；要发挥人的聪明才智、知识的力量，充分认识、认真遵从并能动地驾驭和运用自然规律、经济规律和社会规律，从满足社会需要的角度实现人力和自然力的有效结合。一方面，要能将三大效益有效地发挥出来；另一方面，要将矛盾的三大效益统一地发挥出来；同时，要将三大效益协调地以合理的结构综合发挥出来。

三大效益的统一和综合发挥，并不是三大效益平均地发挥。在三者中，生态效益是第一位的，一是因为生态环境需求已是社会对林业的主导需求，二是因为没有生态效益，

其他效益就失去了根基。因此，在建立新的林业发展战略时，必须在突出生态环境效益的基础上，实现三大效益的统一和综合发挥。另外，在具体对待上，不同类型又要各有侧重，比如防护林体系建设、自然保护区建设等公益林建设就要以生态、社会效益为主综合发挥三大效益；商品用材林基地建设就要以经济效益为主综合发挥三大效益，但即便是后者也要贯彻生态优先原则，在不损害生态系统良性循环的前提下追求最大的经济效益。

因此，在建立新的林业发展战略时必须以突出生态环境效益，实现三大效益的统一和综合发挥为目标，否则就会迷失前进的方向。

### （七）以科教兴林为动力

科技是第一生产力，科教兴国是我国的一项基本国策。林业新战略的建立和实施必须要以科教兴林为动力。同时，应该看到，开展科技教育，对实施新的林业发展战略，实现林业跨越式发展具有特殊的、重要的意义。其主要有以下几点：一是林业当前还处于社会主义初级阶段的较低层次，是我国国民经济建设的薄弱环节，不靠发展科教来提高林业队伍的整体素质，不要说跨越式发展，就是要缩小与先进行业的差距也是十分困难的；二是当前林业的增长方式基本还属于粗放型，集约度低，林业科技贡献率为53%，林业从业人员技术和文化素质不高；三是林业的生态建设任务相当繁重，林业的两大体系建设涉及的领域非常宽，林业的三大效益间的关系十分复杂，林区的自然地理和社会经济条件较差，对科技教育的需求，不仅是多方面和多层次的，还是十分强烈和迫切的。必须针对林业特点发展数字林业、计算机技术、信息技术、网络技术、遥感技术、生物工程（包括遗传工程、转基因工程新材料与新能源）等高新技术；通过多渠道、多形式、多层次办教育，提高全行业素质。

### （八）以建立林业的大经营、大流通、大财经为重点

建立以生态环境建设为主体的新林业发展战略，必须打破传统的林业经营、流通和财经体系，弥补生态产品、生态成本的缺位，把生态优先的原则落到实处。要采取新的大经营、大流通、大财经战略，建立林业的大经营、大流通、大财经体系。具体讲，一是在生态优先的前提下，统一、综合经营森林的有形物质产品和无形生态产品，统一、综合经营森林多种资源，统一、综合经营森林生态经济社会系统，实行全民、全社会、

全方位经营，采取以生态环境建设为主体的林业大经营战略。二是采取以生态环境建设为主体的林业大流通战略，统一、综合组织森林有形物质产品和无形生态产品的流通，实行两大产品、两大市场（有形物质产品市场和无形生态产品市场）和两大循环（资金的市场小循环和社会大循环）的耦合。三是采取与大经营、大流通战略相适应的以生态环境建设为主体的林业大财经战略，建立新的包含林业全要素的系统财经模式，新的林业多资产（林木和其他森林植物、动物、微生物、水、林地、环境等多种资源资产）的综合核算体系和核算方法，建立林业多元投融资（国家、团体、个人、外资）、多重补偿（社会、直接受益者、公众补偿）体系，构建相应的林业财政、税收、保险综合体系。

### （九）以分类、分区、分块经营和重点工程建设为途径

建立以生态环境建设为主体的林业战略的基本途径应该是从社会对林业的多种需求和林业的特点及特殊规律出发，搞分类、分区、分块经营，抓具有带动作用的林业重点工程建设。分类经营，就是瞄准社会不同需求，从森林、林业内在属性的差异性上区分出不同类别，基于不同特点和规律各有侧重，有主有从、有针对性地加以经营。分区经营，是从森林、林业所处空间地域差异性上区分不同区域，基于地域分异规律各有侧重，有主、有从、有针对性地加以经营。分块经营，是结合分类经营和分区经营。其将全国林业分成几大块，基于各自特点有针对性地、有侧重地、有效地实行综合经营，以实现分块突破。抓林业重点工程建设，就是根据不同需要，基于林业上述实际，从不同方面，确定一些"航母式"的大型林业重点工程，搞大工程建设，按工程项目管理，充分发挥其带动作用，以大工程带动大发展，使林业以低成本高效率地扩张、实现林业超常规跨越式发展。

### （十）以系统协同为关键

如前所述，建立以生态环境建设为主体的新林业发展战略的目的是更好地满足社会对林业的多种需求，这就要在优先满足主导需求——生态需求的前提下追求整体效益最佳。各有侧重地进行林业两大体系建设，发挥生态、经济、社会三大效益，分类、分区、分块经营，抓林业重点工程建设是要使林业工作更有针对性、更有效，但绝不是各自为政、不顾全局地追求各自的局部利益，而必须是各局部利益服从全局利益，各部分目标服从整体目标。按系统论的观点，整体大于部分之和，各子系统最佳并不等于整个系统

最佳，各子系统的目标应服从总体系统目标，实质应该是总体系统目标的合理分解。各子系统必须在追求总体系统目标的实现上协同运作，妥善解决各个局部、各个构成部分、各个子系统之间的矛盾。因此，在建立新战略上，系统协同就成了关键问题。协同，同样不能各方面孤立地进行，而必须是全方位、全面、全局的系统协同。具体地说，一方面林业两大体系建设之间要协同，三大效益之间要协同，各类之间要协同，各区之间要协同，各块之间要协同，各重点工程之间要协同；另一方面，大经营、大流通、大财经之间也要协同；同时，对两大体系建设目标、三大效益的综合发挥、分类经营、分区经营、分块经营、重点工程建设，以及三大战略的运作等方面还要整体综合协同。只有进行这样的系统协同，才能真正有效地建立并实施好以生态环境建设为主体的新林业发展战略。

## 二、林业生态环境建设发展战略的原则

林业生态环境建设发展战略应遵循的主要原则有以下几项：

（1）适应时代要求原则。该原则主要是新经济时代（知识经济、信息经济）要求、经济全球化要求、环境与发展要求、社会主义市场经济要求以及现代林业要求。

（2）可持续发展原则。该原则主要是在时间、空间、活动上不产生外部不经济性的快速、健康协调发展原则。

（3）生态优先原则。该原则主要体现了"森林是陆地生态系统的主体，林业是生态环境建设的主体，是从事维护国土生态安全，促进经济社会可持续发展，以向社会提供森林生态服务为主的行业，承担着培育、管护和发展森林资源，保护物种多样性、森林景观、森林文化遗产和提供多种林产品的根本任务，肩负着优化生态环境与促进经济发展的双重使命"这一林业新的定位要求。

（4）系统原则。该原则主要是贯彻系统论思想，把林业置于整个国民经济发展和社会进步的大环境中进行考虑，把林业作为一个森林生态经济社会系统进行考虑，把林业行业融入区域经济、社会综合发展中进行考虑，把我国林业建设与经济全球化和人类生存与发展结合起来进行考虑。

（5）从实际出发原则。主要是从两个实际出发，一个是从中国的实际出发，我国

是在中国共产党的领导下，实行社会主义市场经济体制的、历史悠久、人口众多的发展中国家，当前正处于社会主义的初级阶段，一定要体现中国特色；另一个是从我国林业的实际出发，林业是一个具有鲜明特点的、在国民经济和社会可持续发展中占有重要战略地位的弱质行业，我国又是一个森林资源贫乏的国家，我国林业当前处于社会主义初级阶段的较低层次，是国家建设中的一个薄弱环节。

## 三、林业生态环境建设的发展战略设计

按照以生态环境建设为主体的林业发展战略的指导思想、原则和依据，可对林业生态环境建设发展战略进行如下设计：

（1）体现时代特征（新经济时代、经济全球化、环境与发展、社会主义市场经济和现代林业）的要求，并以习近平生态文明思想、可持续发展理论、森林生态经济理论、森林资源经济理论、现代林业理论、社会主义市场经济理论以及系统论为指导。

（2）林业生态环境建设发展战略的基本特征是：林业发展要以生态环境建设为主体，建立战略目标动态体系，其包括确立总体系统战略目标并分解落实到各子系统的具体战略目标。

（3）建立起比较完备的林业生态体系和比较发达的林业产业体系，这是到21世纪中叶林业发展的总体战略目标。

（4）把以生态环境建设为主体的林业发展总体战略分解为三大战略：大经营战略、大流通战略和大财经战略，即建立大经营、大流通、大财经体系。这是新战略的重点。

（5）森林是陆地生态系统的主体，具有多种功能，决定了林业具有生态、经济和社会三大效益，突出生态效益，综合发挥三大效益是新的林业发展战略追求的满足以生态需求为主导需求的社会多种需求的根本目的。

（6）根据社会需求和林业的自身特点、规律进行林业分类经营，在把森林分成公益林和商品林的基础上将林业划分为公益林业和商品林业，分别按各自的主要目的、特点和规律有针对性地进行建设。体现在林业发展的总体目标上就是林业的两大体系建设以及在各区、各工程上的落实。体现在基于不同起源的森林的不同功能、分布特点和经营利用的主导目的的差异，在对其施以不同工程建设之上，将其划分成人工林建设工程

和天然林建设工程，前者以速生丰产用材林基地建设为主要特征，按主导利用纳入林业产业体系建设；后者以天然林保护工程和生态地位重要及生态脆弱地区的公益林建设为主要特征，按主导利用纳入林业生态体系建设。

（7）根据社会需求和森林分布的地域分异特点，林业要分区、划块（区）经营。

①按属性划分，将全国林业划分为五大类型区林业。一是林区林业：森林大量分布，以林业为主的区域林业，森林资源属于森林生态系统，林业建设是全国林业建设的重点地区和本地区经济社会建设的主要内容。二是农（牧）区林业：森林适当分布，以农（牧）业发展为主的区域林业，森林资源属于农（牧）区生态系统，林业建设是农（牧）业建设的生态屏障和本地区经济社会建设的重要组成部分。三是工矿区林业：森林适当分布，以工矿业发展为主的区域林业，森林资源属于工矿区生态系统，林业建设是工矿业建设和工矿区经济社会建设的重要组成部分，突出发挥保护和改善生态环境，促进经济社会发展的作用。四是城镇区林业：森林适当分布，以特定城镇发展为特征的区域林业，森林资源属于城镇生态系统，林业建设是城市园林建设和城镇区经济社会发展的重要组成部分，突出发挥着保护和改善城镇生态环境，绿化、美化、香化的作用。五是荒漠沙区林业：森林分布稀少，生态环境恶劣、贫穷落后的荒漠区和沙区的林业，森林资源属于荒漠沙区生态系统，林业建设是生态环境建设和本地区经济社会建设的主要组成部分，突出发挥着改善生态环境，促进脱贫致富的作用，以灌草乔结合，大力种草和植树造林，发展生态公益林和经济林为主要特征。

②按分区突破战略划分。根据不同地区的不同情况、分类经营、两大体系建设和国家对各地区林业建设的不同要求，要分区域确定林业建设重点，实行分类指导，分区突破。据此将全国林业划分为四大块区域：一是长江上游、黄河中上游地区。这一地区是我国水土流失最严重、生态环境最脆弱的地区。林业建设的主要任务是发展公益林，并以工程建设的形式来推进。主要措施是对天然林要停止采伐，并采取有效措施严加管理，对宜林荒山荒地要进行造林绿化，尽快恢复林草植被；对陡坡耕地，应有计划、分步骤地退耕还林还草。二是西北北部、华北北部和东北西部风沙干旱地区。这一地区是我国风沙危害最严重的地区，也是我国生态建设的重点地区，林业建设的主要任务是发展公益林，并以工程建设的形式推进，实施以发展林草植被为核心的防沙治沙工程。三是东北内蒙古国有林区。这一地区既是目前我国最大的木材生产基地，又是东北地区主要江河发源地和东北三江平原、松辽平原大粮仓及呼伦贝尔大草原牧业基地的天然屏障，林

业建设的主要任务是减少木材采伐，使林区能够有效地休养生息，主要措施是实施天然林保护工程，促进林区从采伐森林转向管护森林，通过休养生息恢复森林资源。四是除上述区域以外的地区林业。这一地区总体上属于经济相对发达、自然条件比较好的地区，林业建设的主要任务是在加速推进生态建设的同时，大力发展商品林业，以满足国家建设和人民生活的需要。

（8）抓好系统整合后的六大林业重点工程。走以大工程带动大发展之路，实现林业的跨越式发展。一是天然林保护工程，主要用来解决的是天然林资源休养生息和恢复、发展问题；二是"三北"和长江中下游地区重点防护林体系建设工程，主要解决的是"三北"地区的防沙治沙问题和其他区域各不相同的生态问题；三是退耕还林还草工程，主要解决的是重点地区水土流失问题；四是环北京地区防沙治沙工程，主要解决的是首都地区的风沙危害问题；五是野生动植物保护及自然保护区建设工程，主要解决基因保存、生物多样性保护、自然保护、湿地保护等问题；六是重点地区以速生丰产用材林为主的林业产业基地建设工程，主要解决的是我国木材和林产品的供应问题。

（9）高度重视林业生态体系和产业体系，林业大经营、大流通、大财经体系，林业的生态、经济和社会效益，五区四块，人工林建设和天然林建设以及六大林业重点工程相互之间及其内部的协同及林业系统的总体协同。搞好系统协同，这是建立并实施好以生态环境建设为主体的林业发展战略的关键。

（10）必须清醒地认识到，建立和实施林业生态环境建设发展战略要以全面培育、保护和发展森林资源系统作为物质基础；必须从我国国情和林情实际出发，坚持实事求是，走有中国特色的林业发展道路；必须把科教兴林作为根本动力和保障。

## 第三节 林业生态环境建设发展战略的具体实施

林业生态环境建设发展战略的提出既体现了联合国环境与发展大会的原则立场，表明了联合国环境与发展大会采取的实际行动，又是社会和经济发展的内在要求和必然选择。战略提出后的关键是实施，要将新林业发展战略付诸实际就必须明确其含义、特点、要素和内容，并遵循一定的原则，确定正确的总体框架和具体措施，建立科学的调控体系和政策保障，还要在整个实施过程中做好评价工作，及时发现问题，调整方向，只有这样，才能有效地实现新林业发展战略的目标。

## 一、林业生态环境建设发展战略实施的过程及要点

（一）林业生态环境建设发展战略实施的过程

1. 林业生态环境建设发展战略的发动

以生态环境建设为主体的大经营、大流通、大财经的三位一体的林业发展战略，体现了全民、全社会，以及全方位的保护、发展、利用森林资源，改善生态环境，促进经济发展的强烈意志和愿望。该战略的实施过程首先是一个全民、全社会的动员过程，是具有中国特色的"群众运动"。要搞好新战略的宣传教育和培训，使全民、全社会对此有充分的认识和理解，帮助他们认清形势，看到传统林业发展的弊病，看到林业发展战略的美好前景；切实增强实施新林业发展战略的紧迫感和责任感，要用林业发展战略的新思想、新观念、新知识，改变传统的思维方式、生产方式、消费方式，克服不利于林业发展战略实施的旧观念、旧思想，从整体上转变全民、全社会的传统观念和行为方式，调动起他们为实现林业发展战略的美好蓝图而努力奋斗的积极性和主动性。搞好战略的发动是林业发展战略实施的首要环节。

2. 林业生态环境建设发展战略的规划

林业生态环境建设发展战略规划是将林业视为一个整体，为实现林业发展战略目标而制订的长期计划，这是林业发展战略实施的重要一环。林业发展战略总体上可以分解成几个相对独立的部分来加以实施。即两大产业体系（林业生态体系和林业产业体系）；两大工程（天然林保护工程、人工林基地建设工程）；三大经营管理体系（大经营、大流通、大财经）；五大区域（林区、农牧区、工矿区、城镇区、荒漠沙区）。每个部分都有各自的战略目标及相应的政策措施、策略及方针等。为了更好地实施新林业发展战略，必须制定战略规划。新林业发展战略的规划是进行战略管理、联系和协调总体战略和分部战略的基本依据，是防止林业生产经营活动发生不确定性事件，把风险减少到最

低程度的有效手段,是减少森林资源浪费、提高其综合效益的科学方法,是对新林业发展战略的实施过程进行控制的基本依据。

**3. 林业生态环境建设发展战略的落实**

林业发展战略落实是该战略制定后的重要工作。离开了战略落实,战略制定只能是"纸上谈兵",所确定的战略目标根本无法实现;离开了战略目标,战略落实也会失去方向,陷入盲目性,严重的会影响林业的可持续发展。林业生态环境建设发展战略的落实应当包括:建立组织机构、建立计划体系、建立控制系统、建立信息系统。

**4. 林业生态环境建设发展战略的检查与评估**

林业发展战略拟解决战略的系统结构、各子系统战略间的联系与协同、战略目标动态体系或动态战略目标集等关键问题。这些问题是复杂多变的,只有在林业生态环境建设发展战略的实施过程中加强对执行战略过程的控制与评价,才能适应复杂多变的环境,完成各阶段的战略任务。

## (二)实施林业生态环境建设发展战略的要点

林业生态环境建设发展战略通过对林业发展战略演变的历史分析,结合中国国情、林情,分析和确定了新战略的必要性和迫切性。该战略对于实现国民经济和社会的可持续发展,人口、资源、环境的协调发展以及正确确定林业在国民经济中的地位和作用,具有重要的理论意义和现实意义。所以,对林业生态环境建设发展战略实施的要点必须要有一个明确的认识。

**1. 核心问题是发展林业,关键问题是以生态环境建设为主体**

林业生态环境建设发展战略把加快林业发展作为战略的核心。如何发展林业,必须根据国情、林情,制定出切实可行、行之有效的方案和措施,而突出以生态环境建设为主体则是林业发展战略实施的显著特色。

**2. 应将人口、资源、环境和社会、经济、科技的发展作为一个统一的整体**

我国庞大的人口基数给经济、社会、资源和环境带来了巨大的压力,这是林业发展战略实施必须面对的问题。因此,要大力发展教育,控制人口数量,提高人口质量,使人口压力变为新林业发展战略实施的人力资源优势。林业发展战略的实施不仅要注意到经济、社会、资源、环境的相互关系与相互影响,还要充分考虑到如何在经济和社会发展过程中利用科技力量,很好地解决对资源和环境的影响等问题。

3. 应从立法、机制、教育、科技和公众参与等诸多方面制定系统方案,采取综合措施

加快社会经济领域有关林业的立法,完善森林资源和环境保护的法律体系;加快体制改革,调整政府职能,建立有利于林业发展的综合决策机制、协调管理运行机制和信息反馈机制;优化教育结构,提高教育水平,加大科技投入,推广科研成果,创造条件鼓励公众参与新林业发展战略的实施,这些都是不容忽视的重大问题。

## 二、林业生态环境建设发展战略实施的原则和内容

（一）林业生态环境建设发展战略实施的原则

为了保证林业生态环境建设发展战略目标的顺利实现,在新战略实施过程中,必须遵循以下基本原则:

1. 坚定方向原则

林业生态环境建设发展战略所要实现的战略目标是使我国林业建设以生态环境建设为主体,建立起比较完备的林业生态体系和比较发达的林业产业体系,真正发挥林业在生态环境建设中的主体作用,进而有效改善生态环境。这是全局的、长远的发展思路和最终目标,为我国林业发展指明了方向。必须坚定这个方向,增强实施林业战略的信心,不能因为实施过程中局部出现的暂时困难,而动摇实施林业生态环境建设发展战略的决心,只要暂时的、局部性的问题还处于允许的范围之内,就应当坚定不移地继续按林业生态环境建设发展战略的既定方针办。

2. 保持弹性原则

林业生态环境建设发展战略的实施涉及全民、全社会,需要长期实施。因此,不但要求新战略的目标具体化,而且必须要有严密的战略实施计划和步骤。但是,由于林业生产经营环境多变,影响林业生态环境建设发展战略实施的因素十分复杂,因此实施计划应当是有弹性的,允许有一定的灵活性和调整余地。这会使周密的实施计划经过必要的及时调整,更加符合林业发展实际,更好地实现林业生态环境建设发展战略的目标。

3. 突出重点原则

林业生态环境建设发展战略的实施事关林业发展全局，它所面临的问题和要解决的事情非常之多，也非常复杂。在战略实施过程中，如果不分主次，结果往往会事倍功半。只有突出重点，抓住对全局有重大影响的问题和事件，才能取得事半功倍之效果，实现预期的整体战略目标。

4. 经济合理原则

林业生态环境建设发展战略是一项复杂的系统工程，需要投入大量的人力、物力和财力。在保证实现新战略目标的前提下，要节约各项费用开支，降低实施成本，这也是林业生态环境建设发展战略实施过程中应遵循的一个重要原则。

## （二）林业生态环境建设发展战略实施的内容

林业生态环境建设发展战略实施的内容包括：建立组织系统、建立计划系统、建立控制系统、建立信息系统四个方面。

1. 建立组织系统

林业生态环境建设发展战略是通过组织来实施的，组织系统是组织意识和组织机制赖以存在的基础。为了实施林业生态环境建设发展战略，必须建立相应的组织系统。建立的基本原则是组织系统要服从新战略，其是为新战略服务的，是实施林业生态环境建设发展战略并实现预期目标的组织保证。

组织系统的建立要根据林业生态环境建设发展战略实施的需要，选择最佳的组织系统。系统内部层次的划分，各个单位权责的界定、管理范围的划分等，必须符合林业生态环境建设发展战略的要求；各层次、各单位、各类人员之间联系渠道要畅通，信息传递要快捷、有效，整体协调好，综合效率高。

2. 建立计划系统

林业生态环境建设发展战略实施计划是一个系统。系统中各类计划按计划的期限长短可分为长期计划、中期计划和短期计划；按计划的对象可分为单项计划和综合计划；按计划的作用可分为进入计划、撤退计划和应急计划。上述种种计划，在林业生态环境建设发展战略实施中都要有所体现。在建立林业生态环境建设发展战略实施计划系统中，要明确战略实施目标、方案，确定各阶段的任务及策略，明确资源分配及资金预算。建立计划系统是一个复杂过程。只有认真地建好这一系统，才能保证战略的有效实施。

3. 建立控制系统

为了确保林业生态环境建设发展战略的顺利实施，必须对战略实施的全过程进行及时、有效的监控。控制系统的功能就是监督战略实施的进程，其将实际成效与预定的目标或标准相比较，找出偏差，分析原因，采取措施。建立控制系统是林业生态环境建设发展战略实施的必然要求。因为在林业生态环境建设发展战略实施过程中，其所受的自然、社会因素影响非常复杂，这就会使战略实施的实际情况与原来的设计与计划存在着种种差异，甚至是很大的差异。如果对这种情况没有进行及时的跟踪监测和评价分析，而是在发现偏差后才采取相应的对策，林业生态环境建设发展战略的实施将会无法保证。

4. 建立信息系统

林业生态环境建设发展战略实施的全过程都离不开信息系统的支持。在林业生态环境建设发展战略实施的每一个环节，每一个行动都必须以信息作为基础，否则就会如同"盲人骑马"一样，无法把握好方向。同时，在新战略实施的过程中，每一个方面都会产生出相应的信息。如果不能及时地反馈这些信息，不做出科学的分析和正确判断，及时采取有效的措施，那么想使战略的实施始终保持最佳的状态是不可能的。

## 三、林业生态环境建设发展战略实施的环境和框架

（一）林业生态环境建设发展战略实施的环境

以生态环境建设为主体的林业发展战略是国民经济和社会可持续发展对林业的基本要求，也是真正实现林业可持续发展的必由之路。林业生态环境建设战略的有效实施必须有良好的社会政治环境和经济技术环境做保证。

1. 林业生态环境建设发展战略实施的社会政治环境

林业生态环境建设发展战略实施的社会政治环境是指以生态环境建设为主体的林业发展的社会政治因素，以及对森林的价值取向和由此引发的因素；个人对生态林业发展的态度，以及政府对林业发展的制度设计。随着人口数量的不断增长，人民生活水平不断提高，人民对各类林产品及森林生态系统的环境服务需求也在不断扩大，这不仅要求

林业提供越来越多的林产品，还要求林业对退化的生态系统进行改造、重建，维持森林生态系统的完整性。社会政治环境正是通过上述影响来促进林业的不断发展的。林业生态环境建设发展战略突出的问题是以生态环境建设为主体，以及林业生态环境建设发展战略的实施，其需要与社会政治环境相协调，取得政府和公众的积极支持和参与，使以生态环境建设为主体的林业发展战略有一个适宜的、良好的外部环境。

2. 林业生态环境建设发展战略实施的经济技术环境

林业生态环境建设发展战略实施的经济技术环境是指林业生态环境建设发展战略实施过程中所依赖的经济条件与技术体系所构成的综合环境。从经济方面考虑，林业的地位和作用取决于国民经济发展水平，较低的经济发展水平和综合国力自然要求林业侧重发挥经济功能。没有坚实的经济基础，实施以生态环境建设为主体的林业发展战略就会有很大的难度。根据目前我国林业发展的形势，要想优先突出生态环境的建设，就必然需要巨额的资金作为保证。近年来，随着我国经济快速发展，林业生态体系建设工程陆续付诸实施。从技术方面来看，林业科学技术的发展，不仅可以提高林业生产力，还可以极大地提高林业综合开发能力，促进生态功能的发挥。因此，建立以生物工程技术为基础的育林技术体系，以森林生态系统经营为核心的现代林业管理决策体系对于促进林业生态环境建设发展战略的实施具有特殊重要的意义。

## （二）林业生态环境建设发展战略的实施框架

林业生态环境建设发展战略的实施是一个复杂、长期、动态的系统工程。它需要纳入国民经济和社会发展的综合规划和计划，需要国家相关的立法、政策、措施的支撑，需要社会舆论的支持和公众的积极参与。在以生态环境建设为主体的林业发展战略的实施过程中，需将实施的内容通过不同的层次和不同的方式来具体体现，以形成新战略的实施框架。

1. 林业生态环境建设战略实施的三个层次

从总体上看，林业生态环境建设发展战略的实施按层次表现可分为三个层次。

第一，中央政府（国家）是实施的主导。对新战略实施，中央政府要发挥综合引导和多方协调的作用。为此，国务院应成立专门的领导小组，成员由国务院有关部、委、办、局组成，下设领导小组办公室（办公室可设在国家林业和草原局）。林业生态环境建设发展战略实施工作受领导小组的直接领导。战略实施过程中有关具体事项由领导小组办公室具体组织。

第二，地方政府是林业生态环境建设发展战略实施的关键。实施林业生态环境建设发展战略的重点在地方，地方政府要充分考虑本地区的实际情况，针对本地区社会、经济、人口、资源、环境等具体情况，制定具体的可操作的行动计划。同时，地方政府也要成立类似国家实施新战略的专门领导小组和办公室，有的地方还可以突出实施新战略中的优势项目，建立项目领导协调小组。地方政府在实施林业生态环境建设发展战略过程中，要根据战略总目标结合本地区实际特点，负责编制当地的发展规划，筛选地方的优势项目，并将其纳入地方政府和社会经济发展计划，培训林业生态环境建设发展战略实施的专业技术人员，做好地区内外的信息交流。

第三，社区、企业和团体是林业生态环境建设发展战略实施的主体。实施林业生态环境建设发展战略时，要充分认识到社区和企业所起的重要作用，也要充分认识到公众和社团参与的重要性。只有如此才能体现出全民、全社会、全方位的以生态环境建设为主体的林业建设，才能实现林业生态环境建设发展战略各阶段的各项目标。

### 2. 林业生态环境建设战略实施的四个方面

从宏观上看，林业生态环境建设发展战略实施主要有以下四个方面：

第一，将林业生态环境建设发展战略实施的基本内容系统地体现在各级政府的国民经济和社会发展规划与计划之中。众所周知，国民经济计划是各级政府进行宏观调控的主要手段，必然也是推动新林业发展战略实施的基本措施。在全国林业规划的基础上，国家有关部门和各地区也要分别制订本部门、本行业、本地区实施新林业发展战略的行动计划或战略安排，并将其纳入各有关部门和各地区的发展规划和计划中，以保证林业生态环境建设发展战略的实施有条不紊、富有实效。

第二，加强有关林业生态环境建设发展战略实施的立法工作。从1994年开始，全国人大和国务院在制定新的法律法规的同时，也修订了大量旧的法律法规。这些法律法规大都将社会和经济的可持续发展作为立法的基本原则，并将资源（以森林资源为主）和环境（以生态环境为主）保护等作为具体条款。当前，《中华人民共和国刑法》专门增加了若干污染环境破坏资源的刑事处罚条款。可以说，目前已初步形成了与实施林业生态环境建设发展战略相关的法律法规体系。不断补充、修订、充实、完善与以生态环境建设为主体的新林业发展战略相关联的法律法规，不断健全执法机构，加大行政执法力度，加强社会和公众的监督，对林业生态环境建设发展战略的实施将起着积极的推动作用。

第三，加强林业生态环境建设发展战略的宣传和教育，促进公众参与。各级政府和有关部门要举办各种类型的培训班，提高认识，在中小学开展相关教育，在大专院校、科研院所应开展生态、环保方面的科学研究，在新闻媒体中应展开一系列与林业生态环境建设发展战略相关的宣传活动。这些活动的开展对于提高全民、全社会的生态意识和造林绿化意识，促进公众参与实施林业生态环境建设发展战略有非常重要的意义。

第四，寻求实施林业生态环境建设发展战略的国际合作，建立示范项目。为了利用国际社会在生态林业领域中的先进经验和技术，更好地指导我国林业生态环境建设发展战略的实施，应派出去，请进来，积极寻求国际合作，进而建立一批示范项目，这对加快林业生态环境建设发展战略的实施具有重要作用。

## 四、林业生态环境建设发展战略的调控系统

林业生态环境建设发展战略的调控系统，是指按照社会主义市场经济的要求，政府通过综合经济部门和林业主管部门等，运用经济、法律和必要的行政手段，采取统筹规划、制定政策、信息引导、组织协调、健全法制、提供服务、监督检查等基本措施，以指导林业生态环境建设发展战略沿着既定目标发展的系统。

为了有效地实现林业生态环境建设发展战略的目标，必须根据国情、林情，制定出切实可行、行之有效的调控系统；该调控系统从具体指导的领域和范围来看，可以划分为中央政府综合部门、林业主管部门、地方政府三个调控系统。

### （一）中央政府综合部门调控系统

中央政府综合部门调控系统主要由中华人民共和国国家发展和改革委员会、财政部、税务总局、国家环保总局（现为中华人民共和国生态环境部，下同）、国家开发银行等综合部门组成。其调控的主要内容如下：

加强协调林业生态环境建设发展战略中生态环境建设与林业产业建设及国民经济其他相关部门之间的关系；组织落实对林业生态环境建设发展战略实施的保护和支持，如增加对林业的财政投入、建立国家林业基金制度、实行林业政策性贷款、减免林业税收、

落实对生态林业建设方面的援助，稳定国家对林业的扶持等；制定和完善与新林业发展战略实施有关的法律法规，使林业法律法规具体实际，可操作性强；调动与协调全社会办生态林业、全民搞生态建设，体现社会主义市场经济条件下林业生态环境建设发展战略的实施特色。该调控体系的宗旨是着力解决林业市场失灵和林业的天然弱质性等问题，从而体现国家对生态林业建设的支持和保护的机制与林业外部效益的补偿制度，引导以生态环境建设为主体的林业发展战略的顺利实施。

## （二）林业主管部门调控系统

林业主管部门调控系统的具体机构是国家林业和草原局，其调控的主要职责是在中央政府综合部门的指导下，具体制定全国范围内林业生态环境建设发展战略实施方案，并负责全国性的生态环境建设和林业产业方面的协调与管理。其调控的主要内容如下：

根据中央政府赋予的职能和权力，修订和完善林业生态建设和产业发展的相关政策，加速改变林业基础薄弱、发展滞后的局面。强化必要的行政管理职能，坚持全党动员、全民动手、全社会办林业、全民搞绿化以改善生态环境的行政领导责任制。

搞好"天保"工程，继续实行并合理调整森林资源采伐限额、强制更新与退耕还林的管理规定。严格征占用林地的审批制度和补偿制度，切实做好森林和野生动植物的保护工作。根据国家总的发展战略，林业主管部门要全面制定和实施林业生态环境建设发展战略的中长期规划，用以指导实践；制定科学的林业产业政策，引导林业经济主体的经营活动和市场机制的运行，防止市场调节的盲目性、滞后性给林业生态环境建设发展战略造成的不利影响。

依据《中华人民共和国森林法》及相关政策法规，紧紧围绕林业生态环境建设发展战略，强化林业法治建设，进一步完善林业法律体系，加强林业执法工作，实现依法治林、依法管林。

## （三）地方政府调控系统

实施林业生态环境建设发展战略，地方政府具有特殊的作用。其调控的主要内容如下：

强化地方政府对实施林业生态环境建设发展战略的指导职能，促进区域林业经济的全面发展。我国地域辽阔，情况复杂，地方政府的计划指导、法律约束和行政管理具有直接性和针对性,对实施林业生态环境建设发展战略具有重要作用。地方政府不仅要贯彻中央政府和林业主管部门的总体意图,还要结合本地的具体情况,实施更为具体、有的放矢的指导,使其权力与实施林业生态环境建设发展战略的全过程相联系,将地方政府的指导工作落到实处。

贯彻造林绿化和保护生态环境的地方政府行政领导目标责任制,大力发展林业社会化服务体系,促进林业生态环境建设发展战略的顺利实施。增加林业生态建设的投入,加快林业生态环境建设发展战略的实施步伐。依照国家对生态环境建设的有关规定,地方政府有条件,也有义务尽可能地增加对林业生态环境建设发展战略的投入。一方面,地方政府应集中必要的财力、物力对林业基础设施进行建设改造;另一方面,通过政府的职能和作用引导社会各界和公众增加对生态环境建设的投入,确保林业生态环境建设发展战略的实现。切实保护林业生产单位和林农的合法利益,解决好林区企事业单位的社会负担和林农经济负担重的问题,调动起他们实施林业生态环境建设发展战略的积极性和主动性。

# 第五章 现代林业管理体制的现状以及改革的困境

## 第一节 我国林业管理体制的现状

我国目前的国有林林业管理体制是"政企合一"模式。这种体制是按行政组织和行政层次，运用行政手段直接进行管理，它是在高度集中的计划经济体制基础上建立起来的，其指导思想是以计划经济为指导，其管理手段是以行政命令、指令性计划为主。随着社会主义市场经济体制的逐步建立，我国的林业管理体制也逐渐摆脱了高度集中的管理体制的束缚，确定了林业生产责任制，扩大了林业企业自主权，调动了广大林业工人的积极性，正逐步适应社会主义市场经济的发展。但是，计划经济体制在林业管理方面依旧有相当大的市场，林业主管机关从计划投资到大的项目的立项仍旧有相当大的权力，与其他行业不同的是，林业的生物性及自然生态与社会发展要相适应的客观要求，又决定了全国林业一盘棋思想在林业系统仍占主导地位。最为典型的是十大工程和实行限额采伐管理制度。应当说，没有全国林业发展一盘棋的管理体制，各自为政的局面对中国林业建设和发展是不利的。但是，这种一盘棋体制也制约了地方林业经济的发展，林业企业在企业内部有相当的自主权，但涉及与区域经济发展相协调的时候往往显得相对孤立，表现在一个区域地方机构设置上，如一个县内同时有多个正县级的林业企业，因为林场与县域在土地上的交叉，就造成乱占林地现象突出。总之，当前的林业管理体制是历史的原因和现实原因结合的产物。这种体制优势与劣势并存，其劣势与现代林业发展和建设新格局林业之间存在着相当的矛盾。

## 一、我国林业管理机制现状

目前我国林业管理机制还很欠缺,主要以权力机制保障部分利益机制的运用为主,而对于其他领域和行业中广泛的市场利益机制、竞争机制的运用等方面是非常有限的。目前的机制运用主要体现在投资方面。

我国林业投资结构主要由以下几方面组成:(1)中央财政预算,林业占国民经济GNP预算逐年提高。国家财政预算始终是林业建设的主要资金来源。但总体来讲,林业与同期水利、交通等基础行业建设投入总额相比,投资明显偏少;在国家日益重视森林对环境影响的今天,积极争取更多国家预算是十分必要的。(2)在中央财政比较困难的情况下,各级地方政府通过各种渠道筹集一定数额的资金,对确保林业项目建设项目顺利完成作用重大,它将是今后林业投资体制中一个重要组成部分。在林业建设中,地方政府的积极投入也是拓宽投资渠道、增加林业建设资金的重要来源。(3)建立森林生态效益补偿制度是改善今后林业投资环境的根本举措。森林生态效益补偿制度的建立,对今后我国林业投资体制改善意义重大,对我国今后林业发展的命运会产生深远影响。(4)育林基金的收取可弥补林业建设资金的不足。但是,多年来育林基金由于相应配套措施不完善,全国范围内存在着收取困难、使用管理不严、投向分散、效益不高、挤占挪用等问题。因此,在今后育林基金提取比例不可能有大幅度提高的情况下,此项费用将只能作为国有林区和部分集体林区资源更新费用的补充。(5)国家政策性投入、各类贷款也是林业融资的主要组成部分,并发挥越来越重要的作用。

林业现已逐渐形成"以中央财政预算拨款、生态效益补偿费为主,政策性投入、育林基金、各类贷款及其他专项项目经费为辅"的投资格局。以后会逐年提高社会公益性林业建设投资比重和信贷资金融资比重,并在尝试将保险纳入林业领域,引入风险投资机制,以逐步理顺投资渠道。资金使用上明确采取公益性林业建设项目以中央拨款、生态效益补偿费投入为主;商品林建设、新林区开发、林产工业等基础产业使用国家政策性投入;其他项目原则上以商业信贷等市场投资为主的运行方式,提高投资使用效益。

## 二、我国林业管理机构现状

### （一）政府的林业组织体系

我国政府的林业调控组织体系，是实行有效调控的组织保证。其系统应包括横向系统和纵向系统。横向系统包括决策部门、信息部门和执行部门。其系统包括中央、省市自治区和县政府的林业主管部门。

### （二）中国林业管理机构

我国林业管理机构的设置基本是采用行政直线式，按照行政系统从上到下划分为一定层次，层层设置管理机构。各层林业管理机构是同层次政府的职能部门，同时又受上一层次林业管理机构的业务指导。具体的林业经济管理体制，如中央设国家林业和草原局，是国务院的组成部分，负责全国林业经济方针、政策、计划、重大建设项目和经济业务的指导、组织、监督和控制。各省（自治区、直辖市）、市、县都相应地成立了林业管理部门，领导和组织林业基层单位的生产建设。

拥有大面积国有林区的省（自治区、直辖市），由国家、省（自治区、直辖市）直接或通过若干中层管理机构进行管理。例如，我国主要林区的黑龙江省，设有森林工业总局、林业管理局，其管理全省森工企业的生产经营活动。而对全省以集体林为主的地方造林、经营活动如大面积次生林的经营管理，则由省林业厅、专署和县林业机构进行管理。各专署林业机构是省人民政府的派出机构，各县林业局既是同级政府的组成部分，又是林业经济管理单位。

## 三、我国林业管理制度现状

### （一）林业产权制度现状

我国林业还没有建立起适应市场经济的产权制度。产权不明确，主要表现在：第一，林业经营者的产权主体地位没有建立起来，在林业中体现产权主体的国家、集体、经营合作组织与政府关系的界定不清楚，各级组织及机构与其管理者的关系也不清楚；第二，产权的客体，包括林业用地、林木、林业生产技术、林业生产条件在内的多种产权的占有、使用、分配、经营等没有明确具有法律意义和可操作意义上的科学划分，这突出表现在林木和林业用地的产权划分不明确。我国受长期计划经济的影响，公有制经济成分在林业中占主要地位，特别是林业用地归国家或集体所有，大部分林木资源也都属于国有或集体所有。其他经济成分的经营领域主要集中在木材加工、运输和林产品流通领域。林业的经营，特别是处于基础地位的营林和育林基本上是以公有制产权形式运行。而这种公有制形式又在很大程度上受政府行政行为的影响，单一的所有制形式极大地限制了市场竞争，使林业处于封闭的环境中，林业的生存和发展不得不依赖政府。到目前为止，主要的问题是我们还没有找到一种比较好的林业用地和林木产权占有方式。

### （二）森林资源核算制度现状

长期以来，在计划经济体制的影响下，对生态环境资源耗用不计价，不考虑对它的价值补偿，将其排除于社会再生产价值运行之外，不能全面地反映国民经济运行的实际状况和再生产价值运动的真实全貌。自20世纪80年代以来，由于资源环境问题日益突出，资源与环境核算问题引起各国、各界和国际有关组织的极大关注，许多国家开展了资源与环境核算的研究。在我国，森林资源核算制度总体上仍处于研究阶段，还没有开始实施。

### （三）森林生态效益补偿制度

《中华人民共和国森林法》规定："国家建立森林生态效益补偿制度，加大公益林保护支持力度，完善重点生态功能区转移支付政策，指导受益地区和森林生态保护地区人民政府通过协商等方式进行生态效益补偿。"

国务院颁布的《生态保护补偿条例》指出："生态保护补偿，是指通过财政纵向补偿、地区间横向补偿、市场机制补偿等机制，对按照规定或者约定开展生态保护的单位和个人予以补偿的激励性制度安排。生态保护补偿可以采取资金补偿、对口协作、产业转移、人才培训、共建园区、购买生态产品和服务等多种补偿方式。"

在中央政策的引导下，各地纷纷制定各项地方性法规和制度，以建立森林生态效益补偿制度。

## 第二节 我国林业体制改革所面临的困境

### 一、目标定位不明确也不准确

当前,我国林业行政管理机构的职能紊乱,特别是集体林的县(市)级林业管理机构,既是政府的职能部门,具有行政决策、行政领导、行政监督、行政协调等功能,同时又是国有林业的经营者,从事林业生产的经营活动。其结果是,既削弱了行政运行的约束机制,导致了为完成生产任务和追求经营效益而置林政和森林资源管理于不顾,也使林业企业依附于林业行政管理部门,导致其缺乏经营决策及经营管理的自主权而没有活力。

管理部门的大部分精力都放在工程项目上,忽略了政府的真正职能是为市场机制的有效发挥提供公平竞争的环境,以及为中介组织、企业、职工和林农提供各种基础性服务工作。这也造成了管理体制中一些具体目标的不明确。例如,分类经营制度,对于分类是对营林单位进行分类,还是对不同功能的森林类型进行分类?分类后的管理与监督如何实施?公益林以生态建设为主,那么其中的商业性利用可以达到何种程度?商品林也有生态效益,那么对其发挥的生态效益有何补偿?

总之,政府部门由于目标定位不够明确,也不够准确,导致政府部门自身介入一些具体的营造林工作当中,置身其中当然也就无法承担起宏观的职能,也无法使市场发挥配置资源的作用,各种社会机构、企业和个人也无法得到政府应该提供的相应的服务。

### 二、管理机制以权力机制为主,难以适应市场经济发展需要

我国林业管理在很大程度上是一种政府行为,其管理机制主要是行政性权力机制。单纯从管理的角度来看,强化行政管理手段无疑是必需的。然而,管理不仅仅是行政管理,在市场经济条件下,也必须运用市场机制,运用法律的、经济的、教育的等多种手

段。市场经济最本质的特征，就是在资源配置中，市场起基础性作用。这一性质决定了市场经济条件下的宏观林业经济管理具有两个最基本的特点：一方面，由于市场起基础性作用，人们的林业经济活动都不可避免地带有市场的色彩，要服从市场规律的要求，以追求利润最大化作为行为的主要目标，这就对强化宏观林业管理提出了更高的要求；另一方面，市场效应的影响使得林业经济管理手段变得更为重要，而一些过去行之有效的行政管理手段由于市场的作用而显得无能为力。这一变化表明以行政管理手段为主的林业管理体制难以适应市场经济的要求，因此更应注重市场利益和竞争机制的运用。

### 三、国民经济核算体系存在缺陷，影响宏观管理效能的发挥

统计与核算体系是宏观管理体制的重要组成部分，科学的核算体系对宏观管理效能的发挥具有重要的作用。我国现行体制中的国民经济核算存在严重缺陷，最突出的问题是核算中没有计入经济活动造成的生态环境代价，更没有计入生态环境资源的固有价值。正是由于这种错误的生态环境资源价值观的支配，使得我国许多林业企业、事业单位在其经济活动中，忽视节约和综合利用林业资源，忽视林业资源的长期效益和生态效益，只追求眼前的、片面的，因而也是虚假的经济效益，忽视了长远的、全社会的、真实的总体效益，从而造成企业外部的不经济性。

### 四、管理体制改革的配套与协调问题

管理体制中的机构、机制与制度三者的改革应协调同步进行，这三个要素内部也应注意相互配套与协调的问题。例如，管理机构改革的前提是培育出称职的中介机构和多种经营形式的企业，以配合管理机构的职能转变。权力机制和竞争机制应以利益机制为基础，保证利益机制的顺利运作。各项制度的改革要加强彼此间的配合与支持，如林业资源资产化管理的前提就是产权的明晰化，以及森林生态效益的合理补偿。

## 五、资金的筹集问题

目前，筹资面临的难点和问题主要有以下几方面：

### （一）营林产业市场参与能力差

如前文所述，建设资金主要来自国家预算内资金及国家、地方自筹资金，而企业自筹资金部分很少。国有林场资金不足，尤其是森林经营资金不足，森林资源结构的调整与营林资金紧缺矛盾突出。资金使用效果差，林场资金筹集能力较低，形成不了强大的资金规模。目前国有林场资金循环乏力，周转不灵，资金增值能力低下，这主要是受竞争能力弱、自身条件差的影响。而且营林产业还要考虑部分社会、生态效益，资金成本高、回收慢、风险大，资金收益率低于社会平均利润率。

### （二）森工企业尚未真正摆脱"两危"

森工企业是典型的初级产品加工企业，其经营手段单一，加上价格不合理，使其市场竞争性差。国家森工宏观调控失效，主要表现为规模过大，生产能力过剩，行业结构失调，行业效益差，市场秩序混乱，企业经营难，森工机械化水平低；再加上木材市场持续疲软和生产成本费用不断提高，当前森工企业的资金越来越困难，若依靠现有的森工企业组织形式很难解决企业再发展资金短缺问题。特别是国有采运企业的社会法人地位不明确，其资金来源主要是国家预算内资金及国内贷款，自发筹集及引进外资比重低。鉴于森工企业严重负债经营、企业发展资金严重不足的特点，积极寻求金融市场的融资渠道就显得很迫切。

### （三）林产工业面临流动资金紧缺和沉重的银行债务负担

林业企业宏观的失控，导致盲目建厂、重复建厂问题严重；企业规模小，生产布局分散，小型化、分散化严重；再加上受到森林资源约束，其资金循环不畅，集中表现为产成品库存增加，造成"边贷款、边生产、边积压"的状况，林产加工企业的效益普遍下降，林产工业的资本产出率和投资效益水平仍然较低。这样林产工业企业依靠企业自身的经济效果和实力在金融市场上融通资金的能力就极其有限。

此外，对于不同的所有制，在投资培育森林上有着不同的方式与制度。国有林区在投资上可以形成规范的制度，集体林和私有林开发投资就很难形成规范的制度，并且在很大程度上投资与否取决于所有者，国家很难控制。由政府行为过渡到市场行为，实施林业分类经营后，哪些天然林要保护经营好，哪些林地实施集约经营，要受到所有者利益的驱动，即便是造林成林的林地，也容易遭到破坏、挪作他用。分散的林地经营不利于林业分类经营的进行。实现林业分类经营后，若生态补偿金无法兑现或征收困难，林场根本就不可能拿出资金去管护公益生态林。实施分类经营后，商品林由经营者投入，而公益林的投入则需要有雄厚的财力做保证，这对于一些经济发达的财政强县而言并非难事，但对于经济欠发达的地区来讲就显得捉襟见肘。

# 第六章 林业发展战略的实现路径

## 第一节 建立林业投入体系

当前，我国林业资金来源有国家投入和社会投入两个主要渠道，其中能形成固定资产的资金称为建设资金，不能形成固定资产的资金称为流动资金。

### 一、公共财政投入

林业是一项重要的社会公益事业，同时也是一个重要的物质生产部门，兼具生态、经济和社会功能，这是一个具有典型外部经济性的行业，需要国家对林业的资金、物资等投入和经济调控，需要建立长期稳定的国家支持林业和生态建设的资源配置体系。当前，我国财政改革的主要目标是逐步建立健全公共财政体系，这必将对林业的可持续发展与建设中国现代林业产生重大而深远的影响。在现代林业投入体系中应扭转林业在国民经济定位中的偏差，理顺与财政的相互关系，构建适合我国国情、林情的林业与公共财政关系的基本框架，以促进林业资源的最优配置和充分利用。

（一）完善国家公共财政为主的投入机制

政府公共财政应确保林业事业经费全额拨款。要以建立社会主义市场经济体制为前提，通过改革我国的投资体制，严格按照事权分配原则，明晰中央和地方政府的林业投资义务，真正做到政府扶持资金的足额到位，逐步建立起公益林以政府投入为主、商品林以社会投入为主的投资机制，从而保证林业建设的投资需要。

国家预算内基本建设资金、财政资金、农业综合开发资金、扶贫资金、以工代赈以及国外资金等的使用，都要把加强江河湖建设、绿色植被建设、治理水土流失、防治荒漠化、草原建设和生态农业建设等作为重要内容，优先安排，并逐步增加各项资金投入比重。

### （二）加大以工代赈、以粮换林、以粮换牧（草）的力度

国家要实事求是、因地制宜按照退耕还林等重点生态工程的实际需要，设置优惠政策的支持年限。鉴于目前全国工业品、粮食库存积压较多和富余劳动力多的特点，再加上生态恶化地区多是贫困地区，今后，要特别加大集团化、集约化、规模化、科学化、产业化治理的力度。例如，可以组建生态建设兵团（也可以利用军队减员，还可以将现有国有农场转为生产建设兵团等多种形式），建立国家投入、以工代赈、以粮换林、以粮换牧（草）投入相结合的形式。有关部门要制订切实可行的计划和规划；要坚持"谁造谁有，合造共有"的政策，充分调动广大群众植树造林的积极性；要改变以往无偿使用农民劳动积累工、义务工过多的做法，实行有偿使用和机械化规模治理并重的做法，以解决过度剥夺农民投劳的偏差，也可以调动群众参与治理生态环境建设的积极性。

### （三）建立和完善森林生态效益补偿制度

加大国家森林生态效益补偿资金投入力度，是推进林业大发展的重要前提。要按照分类经营的要求，根据森林多种功能和主导利用的不同，将森林划分为公益林和商品林两大类。对公益林实行生态补偿，并在此基础上分别对公益林和商品林的建设和管理建立不同的体制和政策。公益林补偿要足额到位，把公益林落实到地块和每个经营主体。作为公共产品供给者的政府，应从中央和各级地方财政中拿出专项基金，设立森林生态补偿基金，并分别纳入中央和地方财政预算，并逐步增加资金规模，根据物价水平及公益林经营管理成本的变动情况，每年进行适当调整。要适应国际"碳交换"机制建立的大趋势，提前研究制定"以林补碳"的操作性手段，统一纳入生态补偿范畴。要研究开征统一的生态环境补偿税，消除部门交叉、重叠收费现象。

### （四）设立国家林业生态保护工程建设基金

林业和生态环境周期长，耗资巨大，具有后发效应的特性。经测算，2001—2030

年，需投入建设资金1.6万亿元。按照今后国家财政和社会财力预测，公共财政经常性账户大约可负担1/3，扩张性财政即合理的债务结构负担1/3，信贷资金负担1/3。按照阶段划分，前10年的资金已经有了初步的规划，后20年的资金就很难有一个稳定的保障。建议在国家公共财政经常性账户纳入预算和已有稳定来源的资金支持之外，需制定新的特殊政策，允许从全社会范围合理并适度地筹措资金，设立"国家林业和生态保护工程建设基金"，纳入国家预算，并给以立法保障，以便稳定有序地用于林业和生态保护建设。基金主要来源：①扩张性财政即合理的债务结构；②与债务结构相配套的合理的信贷结构；③民资；④社会捐助和赠送；⑤国外资金；⑥生态补偿基金。"国家林业生态保护工程建设基金"应主要投入到重点工程和重点地区。

### （五）实行轻税薄赋政策

国家应实行税收鼓励政策，按照统一税法、公平税赋的原则，确立合理的税目、税基和税率。进一步整顿税制，把减轻林农和林业企业负担作为政府税费改革的主要内容。今后可考虑在以下方面研究减轻税费问题：一是考虑对国内外企业以税前利润投资造林，国家免征所得税；二是对国有林业企业，事业单位从事种植业、养殖业和农林产品初加工，以及边境贫困林业局、林场、苗圃，可以免征所得税，对林区"三剩物"和次小薪材为原料生产的加工产品，可继续实行增值税即征即退政策；三是对林业初加工产品可按初加工农产品对待，实行同步抵扣；四是对转产、调整结构、利用多种资源为主要目的生产的产品，可实行增值税即征即退或暂缓征收政策；五是对林业生产、生活用水可考虑免征水资源费；六是对进口种子、种畜、鱼种和非营利性野生动植物可考虑免征进口环节增值税；七是由农民投资营造的公益林，国家除给予必要的管护补贴外，通过卫生伐和更新伐所取得的收入应归投资者所有，并考虑免征税收；八是改革育林基金征收使用办法，可考虑由生产者自提自用，但国家对现在育林基金负担的公共支出，要予以保证；九是加大对经济贫困地区中央财政转移支付的力度。

### （六）对林业资金使用的监管

一要严格规范资金管理，建立责任追究制度，强化和规范对资金违规违纪问题的整改和查处。加强资金稽查，成立专门的资金监督检查机构，建立林业资金巡回稽查和专项稽查制度，建章建制，加强林业资金源头管理，促进稽查工作日常化、规范化。

二要建立健全林业资金财务管理制度和会计核算制度，抓紧制定相应的财务管理制度和会计核算办法，补充完善相关的内容和标准。

三要加强对资金的全过程管理，通过严格计划管理、预算管理，事中审核、事后检查等措施，确保资金使用合规、合法和真实、完整。因此，要尽快制定林业资金的报账制管理办法，特别是林业重点工程资金的报账制管理。

四要加强社会舆论监督，建立林业资金使用违规违纪举报制度，对重大案件予以曝光。

## 二、社会资金投入

社会资金，是指除国家财政拨款及其他社会无偿援助以外以营利为目的的资金。近年来，随着林业战略结构的重大调整，国家鼓励全社会办林业的优惠政策相继出台，大大激发了社会资金拥有者对林业的投资热情，社会资金对林业的投资迅速增加。

当今世界各国，凡林业发展卓有成效者，莫不与政府对林业高度重视和采取积极有效的经济扶持密切相关。例如，创造了"人工林奇迹"的巴西、从木材进口国一跃成为木材出口国的新西兰是如此，森林资源富饶的美国、加拿大也是如此。新西兰发展人工林的主要经验是政府制定了一整套鼓励社会及私人投资的政策，主要内容包括对人工林培育提供低于普通利息45%的低息贷款。巴西政府于1965年实施了造林税收激励法案，规定向人工林的经营者提供低息贷款、降低林产品的出口关税等。扶持国有林的发展是世界上许多林业发达国家林业扶持政策体系中的一项重要内容。美国等国家对国有林采取了统收统支的财务制度；日本对国有林实行特别会计制度，国有林的全部收入均由林业部门自用，所出现赤字由国家预算补贴，收入盈余则按特别会计的规定转入下年度使用。对私有林的扶持方式虽各国不尽相同，但归纳起来大致可分为三类：一是对某些林业活动给予补贴；二是给予贷款优惠支持；三是给予税收优惠。除上述扶持措施外，国家还通过制定一些相关政策为林业发展创造良好的环境，如干预或鼓励林产品进出口、稳定国内木材价格等。根据我国的国情和林情，鼓励社会资金投入林业可以从以下几个方面进行支持：

## （一）中长期信贷投入机制

世界银行主要业务涉及对发展中成员国提供长期贷款。该行主要是面向政府即由政府担保的项目贷款，资助它们兴建某些建设周期长，利润率偏低，但又为该国经济和社会发展必需的建设项目。世界银行的贷款期限，短的数年，长的可达30年，甚至50年。贷款按主要用途有：农业和农村发展、教育、能源、人口保健与营养、公共部门管理、小型企业、技术援助、电信、运输、城市发展、供水和排水等。林业可以借鉴这种方式，建立中长期信贷投入机制。

国家在信贷政策方面应进一步突出林业的特殊性，明确林业信贷扶持政策。一是严格区分政策性贷款与商业贷款的性质，对林业实行政策性优惠贷款，并采取相应的运作机制；二是在政策性贷款中对林业贷款实行计划份额制，保证政策性贷款可以用于林业的总量；三是建立新增项目的专项贷款，拓宽政策性贷款的渠道；四是适当延长贷款期限，加大贴息幅度；五是建立各级银行对林业贷款风险共担制度，促进林业贷款政策的落实，使国家给予林业的扶持优惠信贷足额和及时到位。

## （二）国家政策性银行对林业的扶持

政策性银行应在业务范围内，积极提供符合林业特点的金融服务，适当延长林业贷款期限，对林业项目给予积极支持。国家开发银行对速生丰产用材林和工业原料林基地建设项目，根据南北方林木生长周期不同，贷款年限为12～20年；珍贵树种培育根据实际情况而定；经济林和其他种植业、养殖业和加工业项目，贷款年限为10～15年。中国农业发展银行对林业产业化龙头企业贷款期限一般为1～5年，最长为8年；对速生丰产用材林、工业原料林、经济林和其他种植业、养殖业和加工项目贷款期限一般为5年，最长为10年，具体贷款期限也可根据项目实际情况与企业协商确定，考虑到林木生产周期长，贷款宽限期可适当延长，具体由银行和企业根据实际情况确定。商业银行林业贷款具体贷款期限根据项目实际情况与企业协商确定。

应研究建立面向农业与林业职工个人的小额贷款和林业小企业贷款扶持机制；适当放宽贷款条件，简化贷款手续，积极开展包括林权抵押贷款在内的符合林业产业特点的多种信贷模式融资业务；加大贴息扶持力度；中央财政对林业龙头企业的种植业、养殖业以及林产品加工业提供贷款项目；对各类经济实体营造的工业原料林提供贷款项目。

## （三）国家林业专项债券

调整国家债务结构，设立林业中长期债券。国家在发行债券中，应考虑国家对林业长期历史欠账的实际，进一步突出林业的特殊性，加大对林业的支持：一是在国家债券中对林业实行计划份额制，确保国家债券用于林业的总量；二是设立新增项目林业专项债券，用于公益林和林业基础设施建设；三是对林业以中长期债券为主，辅之以短期优惠债券，并采取相应的运作机制；四是建立风险共担机制，促进林业债券的落实，使国家给予林业的扶持政策足额和及时到位。

## （四）多渠道资本市场融资机制

对于林业投融资，要逐步减少间接投资，增加直接融资。林业企业按照社会主义市场经济体制的要求，深化内部改革，加快产业重组，建立现代企业制度，完善法人治理结构，增强在国际、国内两个市场的竞争力和生存能力。有条件的企业，要争取更多的在国内、国外资本市场上市，以获得更多的直接投资。一些中小企业也要按照资本市场准入规则，争取获得更多的资金支持。采取单位、集体、个人合力的形式，义务植树、有偿服务、投工投劳、捐资赞助等，公益林、商品林多领域，以庭院绿化、社区林业建设等多方式，广泛吸引民间资金投入林业。同时，建立全方位的国外投融资机制：一是外国政府贷款，如日本、德国、奥地利、法国、荷兰、意大利、芬兰等提供的多种贷款；二是国际金融组织贷款，如世界银行贷款、亚洲开发银行贷款等；三是外商直接投资；四是各种无偿援助，如德国、日本、芬兰、韩国等国政府及联合国开发计划署、联合国粮农组织、全球环境基金、欧盟等提供的双边和多边援助。

## 第二节 建立规范有序的经营体系和运行机制

建立规范有序的经营体系和运行机制，这是加快林业发展的基础和前提。政府相关部门要根据市场经济体制的要求和经济发展的新形势，及时调整林业的管理政策，认真研究适用的方法，建立稳定的经营体系和良性的运行机制，增强林业的动力、活力和吸引力；要在林业产权制度改革上大胆突破，在调整所有制结构上采取对策，在分类经营上优化措施；在激活各种利益主体上寻找潜力，推进林业新体系和机制的建立。

### 一、深化林业用地使用制度改革

（一）明确森林资源产权

以林地使用权、物权化为方向，稳定所有权，完善承包权，放活经营权，保护经营者的合法权益，使其享有相应的林产品处置权和受益权。对权属明确并已核发林权证书的，要坚决维护其法律效力；对权属明确尚未核发林权证书的，要尽快核发；对权属不清或有争议的，要抓紧明晰或调处，并核发林权证书。

已经划定的自留山，由农民长期无偿使用，不得强行收回。对目前仍未造林绿化的，要根据当地实际情况，采取严格措施，限期造林绿化。自留山上的林木，无论是现有林还是新造林，一律归农民个人所有。

分包到户的责任山，要保持稳定。前一轮承包到期后，原承包办法基本合理的，可以直接续包；原承包办法明显不合理的，可在完善承包办法的基础上，继续承包。每新一轮的承包，都要签订承包合同，明确法律关系，承包期最长可达70年。对已经续签承包合同，但承包期不到70年的，经履行有关的手续，也可延长到70年。对群众不愿意承包的，由集体经济组织收回另行处置。对未履行承包责任、长期撂荒或者林木破坏严重的，经本集体经济组织研究并报县级林业主管部门认定，可以由集体经济组织收回另行处置。

对目前仍由集体统一经营管理的山林，要区别对待，分类指导，积极探索有效的经营形式。凡群众比较满意、经营状况良好的股份合作林场、联办林场等，要继续保持稳定、完善、提高。对其他集中连片的有林地，可以采取"分股不分山，分利不分林"的形式，将产权逐步明晰到个人。对零星分散的有林地，可将林木所有权和林地使用权合理作价后，转让给个人经营。对宜林荒山荒地，既可直接以分包到户、招标、拍卖等形式确定经营主体，又可由集体统一组织开发后，再以适当方式确定经营主体；对造林难度大的，还可以通过公开招标的方式，在一定期限内将林地使用权无偿转让给有能力的单位或个人去开发经营，但要限期绿化。不管采取哪种形式，集体经济组织成员都有优先经营权。

（二）积极发展非公有制林业

国家鼓励各种非公有制林业建设主体跨所有制、跨行业、跨地区投资发展林业。凡有能力的农户、城镇居民、科技人员、私营业主、投资者、企事业单位和机关团体的干部职工等，均可单独或合伙参与林业开发，从事林业建设；所造林木归投资者所有，并有依法获得森林生态效益补偿的权利。

整个林业建设完全对非公有制林业开放，让其与公有制林业共同发展。国有林也可引入民营机制，推行公有民营或局部性的公有民营模式，降低经营成本，提高经营效率。

建立健全有关法规，进一步明确非公有制林业的法律地位。采取坚决措施，保护非公有制林业经营者尤其是造林大户的合法权益。统一税费政策、资源利用政策、投融资政策，为各种林业经营主体创造平等竞争的环境和条件。充分尊重非公有制林业经营者的自主权，放手让其发展。林地使用权允许流转和继承；要加强外商投资促进工作，给外商投资林业以国民待遇，以充分发挥农民和社区组织发展林业的积极性，加快造林绿化步伐。

（三）加速推进森林、林木和林地使用权的流转

在明晰产权、确保林农基本林地稳定的前提下，国家鼓励各种社会主体依法以承包、租赁、转让、拍卖、协商等形式推动国家和集体所有的宜林荒山、荒地、荒沙使用权的流转，加快国土绿化进程。按照依法、自愿、有偿的原则促进森林、林木和林地使用权的流转，盘活森林资源资产，激活各种利益主体，促进外部生产要素向林业的流动。对尚未确定经营者的大片国有宜林荒山、荒地、荒沙，也可依法无偿转让给附近的部队和

生产建设兵团去植树造林，所造林木归部队和兵团所有。森林、林木和林地使用权可以依法继承、抵押、担保、入股和作为合资、合作的出资或条件。国有林地使用权的流转期限也可达到70年。

## 二、深化重点国有林区管理体制改革

抓住国家实施天然林保护工程的历史性机遇，深化重点国有林区的管理体制改革。改革的方向是：实行森林资源国家所有、中央和省（自治区、直辖市）两级管理；政企分开、政资分开，建立国家林业行政主管部门、国有森林资源经营机构、林业企业"三权分离"的机制。国家林业行政主管部门行使对森林资源的执法监管权；国有森林经营机构负责森林资源的资产运营；林业企业则成为完全的市场主体，与国有森林资源经营机构建立市场化的契约关系。

具体实施措施：一是强化国有森林资源的管理，把由森工企业（集团）行使的森林资源管理权独立出来，设立专门的部门——国家林业和草原局，负责国有林的经营管理，最终建立起国家所有、分级管理、委托经营、严格监管的新体制。

二是实行政企分开，把目前由企业承担的社会管理职能逐步分离出来，转由政府承担，使企业真正成为独立、平等的经营主体，参与市场竞争。同时，企业应当按照社会主义市场经济体制的要求，深化内部改革，加快产业重组，建立现代企业制度，完善法人治理结构，增强竞争能力和生存能力。

三是建立起森林资源保护、培育和利用之间的利益制约关系。实行森林资源资产化管理，分别将公益林和商品林纳入经营性资产和非经营性资产的管理轨道。对经营性国有资产，实行资产保值增值责任制，由相关部门向企业派出董事，代表国家行使与其股份相适应的企业决策权、资产受益权和推选管理者的权利。放开林地的使用权，在已有森林资源管护经营责任制的基础上，实行谁造谁有和收益分成的营林激励机制。对非经营性资产，主要是分布在禁伐区和限伐区的森林资源资产，国有林管理局可以下设事业性机构进行经营管理。国有林管理局通过编制国有林经营方案、提供经费、人事任免、检查监督等多种手段对这些机构进行调节和控制；也可以通过合同委托经营和管护承包，将森林资源的管护责任落到实处，并根据管护责任的实际履行情况，兑现奖惩。

四是合理分流林区富余人员,通过一次性安置、转产就业等形式,调整人力资源使用结构,为深化国有林区改革奠定基础。

## 三、深化林业分类经营改革

### (一)实行林业分类经营是林业改革的中心环节

#### 1.林业分类经营是社会主义市场经济体制的必然要求

随着我国计划经济体制日益转向社会主义市场经济体制,原来依靠计划配置资源的方式已转向了依靠市场配置资源的方式。森林的有形产品可以在有形市场上交换,为生产经营者带来经济收益;但无形产品,即为人们提供国防、科研、保护生物多样性等社会服务,以及美化环境、防风固沙、涵养水源等生态服务,目前不能通过有形市场交换。为了适应市场经济体制改革,需要通过分类经营建立一套森林有价、价值有偿、良性循环的运行机制,森林不分类,这套机制就建立不起来。

#### 2.林业分类经营是适应政府公共财政体制改革的客观需要

国家正在进行公共财政体制改革,财政支出将逐步从那些经营性、营利性领域退出,而主要保证政府机构、社会公益事业开支,建立社会保障体制。分类经营把产业部分和社会公益事业部分分开,使经营公益事业的主体得到政府的补偿。森林资源从实物形态上讲,是一种包括林地、林木、依托森林生存的野生动植物资源在内的资源;从价值形态上讲,是一种特殊性的,可以再生增值的,具有多种功能和生态群落整体价值的资源性资产。森林生态效益是以活立木为主体的乔灌草植物群落整体形式进行发挥的。一旦森林消失,生态效益就不复存在了。因此,建立森林生态补偿制度既是林业分类经营的核心,又是实施无偿使用森林生态效益转向有偿使用森林生态效益的关键。必须把分类经营与实施森林生态补偿这两项工作整合在一起,配套进行。补偿实际上就是一种特殊的买卖关系,政府花钱"购买"生态服务,林业的所有者、经营者"出卖"生态服务。

#### 3.分类经营是林业政策的基础

生态环境、自然资源和经济社会发展的矛盾是我国社会重要矛盾之一,也是林业面临的主要矛盾。分类经营就是在社会主义市场经济体制下,按照现代社会对林业生态和经济两方面的要求，发挥森林的多种功能，将森林的五大林种相应地划分为以发挥生态效益和社会效益为主的公益林（含防护林、特种用途林）和以发挥经济效益为主的商品林（含用材林、经济林、薪炭林），它们是分别按照各自的特点和规律运营的一种新型的林业经济机制和发展模式。林业分类经营有利于统筹兼顾经济发展与生态保护、长远发展和当前需要、局部利益和整体利益之间的关系，有利于人类与森林生态系统处于长期稳定、和谐发展的状态，使社会对森林资源的需求与森林资源的承受力达到互为接受的水平的经营模式，这种经营模式是走向森林资源可持续利用的必然要求。这是一种科学的管理体制、经营模式和政策机制，也是解决林业主要矛盾的政策基础。

**4. 分类经营是实行科学经营，提高森林质量的重要措施**

分类经营对两类林业建立相应的制度和规范，按照不同的经营目标、方向、措施、方案运行有重要作用，其对两类森林实行集约经营管理，是使公益林业最大限度地发挥其生态效益；同时使商品林业最大限度地发挥其经济效益，从而达到科学经营森林、提高森林效益和质量的目的。

## （二）明确林业分类经营工作的主要任务和基本原则

**1. 林业分类经营工作的主要任务**

按照森林用途和生产经营的目的，把现有森林和全部林业用地划分为公益林和商品林。按照公益林业和商品林业的不同特点和经营规律，建立与其相适应的管理体制、资源培育方式、组织经营形式、投资体制和经营机制，制定和完善与之相适应的管理制度与经济政策。

**2. 林业分类经营遵循的基本原则**

（1）积极推进，循序渐进的原则。整个林业分类经营工作通过试点逐步推进。中央和地方政府根据生态环境建设的需要和社会经济发展水平，自上而下，上下结合，由易到难，先重点后一般，因地制宜，划定公益林和商品林。

（2）事权划分，分级管理的原则。明确中央与地方、政府与企业之间的权责关系。公益林作为社会公益事业，其建设管理是政府职能的要求，由各级政府进行组织建设和管理；商品林经营在国家产业政策给予的特殊支持和保护下推向市场。

（3）林业行政主管部门依法实行统一管理的原则。依据《中华人民共和国森林法》《中华人民共和国森林法实施条例》的规定，林业行政主管部门是森林资源的行政主管部门，分类经营后，各级林业主管部门对公益林、商品林的行政管理职能不变。

（4）与本地区经济和社会发展相结合的原则。分类经营要从实际出发，根据本地的社会经济发展状况和生态环境建设的需要，将林业分类经营改革纳入经济和社会发展总体规划，以确保总体目标的实现。

（5）稳定林权的原则。林地林木作为一个整体在管理上不可分割，林权证是确认森林、林木以及林地权属的唯一合法的法律凭证。已核发了的林权证不能因实施分类经营而改变。

## （三）分类经营需要重点抓好的工作

### 1. 抓紧搞好森林分类区划界定

森林的分类、区划、界定工作是林业分类经营的首要基础工作，是林业分类经营改革的切入点和突破口。当务之急是要对所有林业用地进行分类。分类界定必须做到"五个到位"：一是现场区划到位，不能走过场；二是两林区划界定要落实到位，界线分明，立碑公示；三是登记工作要到位，数据要准确，图表要齐备、统一；四是档案建立要到位，县、乡、村及国有森林经营单位均必须建立档案并要规范；五是与林权单位签订的协议或合同要到位，不重不漏。要从实际出发，根据当地的资源条件、生态环境条件和社会、经济发展的需求确定森林（含林地）多种功能的主导利用方向，并以此作为森林分类的依据。

完整的森林分类区划界定工作要包括以下六个步骤：一是结合森林资源清查搞好森林分类区划界定的规划，特别是要根据森林的生态区位，确定哪些地方的森林应该划为防护林和特种用途林，为森林分类区划界定提供一个指导方案。二是建立领导机构和工作队伍。县、乡（镇）两级政府要成立由主管领导牵头，各相关部门参加的林业分类经营领导小组和办公室，组建承担森林分类区划界定具体操作工作的工作队。三是搞好试点培训。要组织参加此项工作的人员集中学习，掌握分类经营和森林分类区划界定的各项方针、政策、任务、目标、原则和工作步骤。四是加强宣传，统一思想认识和工作方法，层层落实工作任务和责任。五是搞好现场界定的外业工作。要深入山头地块，逐块界定落实林种。逐村、逐组、逐山头、逐地块、逐个林班、小班落实界定，明确四至界线和权属，核准土地种类和林种类型，并进行认真地填表登记，填写现场界定书，由乡、村、社干部群众签字认可。六是完善法律手续。在现场界定基础上，填写界定书，由县、乡和参加界定的负责人与生态公益林的所有者和经营者代表签字，林权单位和县乡政府盖章，完善法律手续。同时要搞好公益林、商品林综合统计表和林种分布图，将完整的森林分类区划界定成果资料，上报县级人民政府、由县级人民政府组织审定验收后，正式行文上报省级林业主管部门，经省（区、市）人民政府批准上报（国家公益林）或者批准公布（地方公益林）。

### 2. 落实经营形式

对公益林，一般应采取"林权分散，经营管理集中"的形式。其中，国有林原则上应该是国有国营，但也可以搞国有民营。对于公益林中的集体林，实行集体所有，集中经营和管护。个体林，从长远来看，不划为公益林的，最好不划；必须要划的，最好采取收买、调换等方式，变为集体所有或者国家所有，也可采取委托经营、联合经营的形式，由林权权利人委托国有林场、乡村林场、林业工作站等单位经营管理。

对于商品林，可以采取林主认为合适的经营形式，尽可能地放开放活。以经营成本最低，经济效益最高为目标，适宜什么形式就采取什么形式。

### 3. 划分林业事权

事权是在不改变森林权属关系的情况下，按受益的范围和性质，确定受益者的责任，主要是投入责任。公益林一般应划分为国家和省两级。《中华人民共和国森林法实施条例》第八条规定："国家重点防护林和特种用途林，由国务院林业主管部门提出意见，报国务院批准公布；地方重点防护林和特种用途林，由省、自治区、直辖市人民政府林业主管部门提出意见，报本级人民政府批准公布；其他的防护林、用材林、特种用途林以及经济林、薪炭林，由县级人民政府林业主管部门根据国家关于林种划分的规定和本级人民政府的部署组织划定，报本级人民政府批准公布。"这是法定程序。根据这一规定，我国的公益林分为国家公益林和地方公益林。国家公益林由中央财政补偿，地方公益林由各级地方财政补偿。国家公益林依照国家规定的标准，在各省已划定的公益林中进行确定。申报国家公益林，申报领取国家森林生态补偿基金，必须依法严格检查验收，并依法履行批准公布手续。

根据生态区位、受益范围确定国家公益林。凡跨省级地域发挥森林生态效益的大江大河上、中游和大型湖库周边的水源涵养林、水土保持林，大规模的防风固沙林，国家重点生态工程所形成的公益林，边境重地的国防林，沿海防护林基干林带，森林生态系统的典型代表和生物多样性保护特别重要地区的森林、林木和林地等，一般应划为国家公益林，国家公益林可以在以下范围内划定：①江河源头；②江河干流；③重要湖泊和大型水库周围；④沿海岸线第一层山脊以内或平地1000米以内的森林、林木和林地；⑤干旱荒漠化严重地区的天然林和沙生灌丛植被、沙漠地区的绿洲人工生态防护林及周围大型防风固沙林基干林带；⑥雪线及冰川外围地段的森林、林木和林地；⑦山体坡度在36°以上土层瘠薄，岩石裸露，森林采伐后难以更新或森林生态环境难以恢复的森林、林木和林地；⑧国铁、国道（含高速公路）、国防公路两旁的森林、林木和林地；⑨沿国境线范围内及国防军事禁区以内的森林、林木和林地；⑩国务院批准的自然与人文遗产地和具有特殊保护意义地区的森林、林木和林地；国家级自然保护区及其他有重点保护一级、二级野生动植物及其栖息地的森林和野生动物类型自然保护区的森林、林木和林地；天然林保护工程区内的禁伐公益林。

国家公益林必须由省级人民政府统一申报，省级公益林应由地方市一级政府申报。

4. 国家对两类林不同的政策和管理制度

我国现行法律对两类林的投入政策、林权权利人的权利、采伐利用政策、流转政策都做了不同规定。分类经营后现行不分林种，一律对待的政策和管理制度都应作相应的调整，这才能全面、准确、严肃地执行国家法律和政策。

## 第三节 强化科技支撑和人力资源保障体系

现代林业大发展，出奇制胜在科技。因此，必须全面实施科教兴林战略，大力推进林业新科技革命，为林业跨越式发展提供强大的科技支撑和不竭动力。必须全面贯彻人才资源是第一资源的战略思想，加速人力资源开发，为林业发展不断注入新的活力，提供强有力的人才保障。

## 一、发挥林业建设中的科技支撑作用

中华人民共和国成立以来，特别是改革开放以来，我国林业科技工作取得了长足发展，已经初步形成了包括科学研究、科技推广、标准质量、科技管理等在内的比较完整的林业科技创新体系，为促进我国林业发展和生态环境建设作出重大贡献。但是，我国林业科技工作总体上仍处于以初级技术和实用技术为主的低度化状态，远不能适应国民经济和社会发展以及林业跨越式发展的要求。其主要表现在以下几个方面：

一是林业基础研究薄弱，科技持续创新能力不强。全国从事林业基础研究的人员占科技人员总数相对较低；在国家重大基础研究项目计划中林业所占的比例较低；对于森林与水、森林病虫害发生与控制机理等重大基础理论问题缺少持续、有效的研究。

二是高新技术应用滞后，对传统林业的改造、带动作用不强。生物技术、信息技术、新材料技术等高新技术的研究与应用在林业行业尽管已经起步，但尚未形成规模，没有实现重大突破，制约了我国林业产业的发展和全行业科技水平的提高。

三是科技与生产脱节的问题仍没有从根本上得到解决。2015年，我国林业科技进步对林业经济增长的贡献率仅为48%，不仅低于农业57.5%的水平，还低于全国58.5%的平均水平，更低于国外发达国家70%~80%的水平。同时，我国林业科技成果转化率只有55%，人工造林良种使用率为60.8%。这表明我国林业科技成果转化率虽然已经有了一定的发展，但仍有改进空间。

四是林业科技投入严重不足，总体实力较弱。目前，林业科技投入仅占林业总产值的极低；由原创性科技成果、高素质科技人才、先进科研手段和完备的基础建设等指标所反映的林业科技总体实力还相当薄弱。

五是林业科技队伍的发展水平参差不齐，整体素质有待提高，特别是缺乏了解世界林业科技前沿情况、学术造诣深、懂经营、善管理的高层次科研人才和复合型人才。

六是林业科技体制改革有待进一步深化，科技资源没有得到有效配置和充分利用。

21世纪上半叶，我国林业处于一个十分重要的发展时期。根据"三生态"战略思想，我国将通过以重大生态工程建设为载体，促使我国林业实现由以木材生产为主向以生态建设为主的历史性转变，实现山川秀美的宏伟目标。为此，必须全面贯彻落实"科学技术是第一生产力"思想，大力推进林业新科技革命，深化科技体制改革，建立适应社会主义市场经济体制和林业科技自身发展规律的林业科技创新体系,为实现林业跨越式发展提供强有力的科技支撑。

## (一)大力推广科学技术,全面提高林业生态建设的科技含量

紧紧围绕林业发展和生态建设对林业科技的迫切需求,选择先进成熟的科技成果和实用技术进行优势集成和组装配套,并通过建立科技示范基地、开展技术培训等多种形式,加速林业新技术、新品种的推广应用,充分发挥科技在林业生产和建设中的示范、辐射和带动作用。这是新世纪我国林业跨越式发展赋予林业科技推广工作光荣而又十分艰巨的历史重任。第一,要建立健全适应社会主义市场经济体制的新的推广机制,鼓励、引导广大林业科技人员从事技术推广、技术开发、技术服务和技术咨询,吸引政府和企业、社团、民间机构等社会力量参与科技推广工作。第二,紧紧围绕林业生产特别是生态建设中林木良种选育、营造林、天然林保育、荒漠化治理、重大病虫害防治、生物多样性、木质及非木质资源综合利用等重大技术问题,遴选水平高、适用性强的科技成果和实用技术进行推广应用,全面提高生态工程建设的科技含量。第三,根据林业科技的总体布局,在条件成熟的地区,建立一批林业科技推广试验示范点。通过科技成果和实用技术的组装配套,充分发挥示范样板和辐射带动作用。第四,加强推广体系建设,形成比较完善的省、地、县、乡四级推广网络。第五,加强林业技术培训工作。通过新闻媒介、培训、科普、科技下乡等多种形式和渠道,不断提高广大林农的科技文化素质,增强学科学、用科学的积极性和主动性。

## (二)加大研究与开发力度,提高林业科技的创新能力

根据林业可持续发展总体战略目标,结合我国林业发展实际,跟踪世界林业科技发展最新动向,研究、预测和提出我国林业各个发展阶段对林业科学技术的需求及其关键技术问题和重大理论问题,以及我国林业科技自身发展需要研究解决的关键理论问题,找准各阶段林业科学技术研究与开发的主攻方向,明确和强化各阶段科研工作的重点,采取积极有效的措施,改革科研管理体制和机制,加大科研投入,以分类经营思想为指导,制订和实施各项研究与开发计划。重点加强与树木育种有关的分子基础研究和以生物技术、信息技术为主的高新技术研究,为林业科学技术的研究与发展奠定坚实的理论基础,大幅度提高林业科技的基础理论水平和原始创新能力,大幅度提高林业可持续经

营管理的技术水平，强化针对林业重点生态工程天然林保护、退耕还林、防沙治沙、防护林建设、自然保护区建设等亟待解决的关键应用技术开展科技攻关，研究突破林业重点工程建设中存在的关键技术瓶颈，为林业发展以及提高森林生态效益和经济效益提供切实可行的、强有力的科技支撑。

### （三）强化林业标准和质量监督工作，确保林业建设的质量和效益

为了应对社会主义市场经济体制的要求和国际上的激烈竞争，必须加快实施林业标准战略：一是要加大林业标准的制订、修订工作力度。紧紧围绕林业生态建设和产业发展在各个阶段的工作重点和实际需求，研究制定既符合世贸规则，又能保护本国利益，并有利于促进林业各项事业发展的林业标准和技术规程；建立健全以国家标准和行业标准为主体，地方标准和企业标准为辅的林业标准体系。二是要强化标准的实施和质量监督工作。加大标准的执行和实施力度，不断提高林业生产建设工作的采标率，使林业各项工作真正做到按标准设计，按标准施工，按标准验收；重点加强国家级质量监督检验中心建设，确保木质及非木质森林产品的质量，提高市场占有率和国际竞争力。三是抓好林业标准化示范工作，充分发挥示范点的示范样板和辐射带动作用。四是积极参与国际标准的研究制定，并逐步提高我国采用国际标准的比例。

积极开展森林认证工作，不断提高森林可持续经营的水平。参照国际森林可持续经营标准及指标体系，结合我国森林经营的特点和实际，系统建立我国森林可持续经营标准与指标体系，并在森林经营单位认真加以宣传、贯彻。同时，完成我国森林认证标准与原则的制定，在不同区域和不同层面的森林经营单位开展森林认证试点工作，完成森林认证机构、培训机构、人员资质技术规范的编制，建立比较完善的森林认证工作体系及其工作机构，促进我国森林可持续经营与国际接轨。

### （四）加强专利工作，强化知识产权保护

根据国家的战略部署和要求，研究制定"林业知识产权保护条例"等管理办法，切实加强林业知识产权的保护与管理，维护国家、企事业单位和广大科技人员的合法权益。采取有效措施，鼓励、引导广大科技人员从事专利技术的研究与开发工作，力争在林木良种选育、营造林、重大病虫害防治、森林产品加工利用等方面，创造出更多的拥有自主知识产权的专利产品或技术，不断提高我国林业专利的数量与质量，提高专利技术的

应用水平，促进专利技术尽快转化为现实生产力，创造效益，形成市场竞争优势。

积极推进植物新品种保护工作。一是加强林业植物新品种保护测试机构和代理机构建设，为植物新品种保护工作的顺利开展奠定基础，创造条件。二是加强植物新品种测试技术标准的制定，加快植物新品种的申请、检测与名录发布工作。三是建立全国统一的植物新品种数据库，并建立信息管理系统和网络体系。四是加大对植物新品种权侵权、假冒等违法行为的打击力度，切实维护新品种发明者的合法权益。

### （五）加强科技产业建设，努力提高林业产业的竞争力和整体实力

实现林业产业发展的战略目标，建立比较发达的林业产业体系，必须以科技为先导，充分发挥林业科技产业的强大推动作用。具体有以下几点：一是加强国家工程中心建设。依托工程中心在对科技成果进行中试的基础上，创造出科技含量高、市场竞争力强的优势产业和拥有自主知识产权、高附加值的名牌产品，使之成为林业科技产业的孵化器和辐射源。二是加强林业科技园区建设。根据林业科技力量布局和发展规划，以及林业产业结构调整的需求，在全国范围内建设一批林业科技园区，以市场为导向，以林业科研机构和高等院校为技术依托，选择技术成熟、有良好产业化基础、市场前景好的科技成果进行优势集成、组装配套，形成规模化发展，建成集知识创新、技术创新、机制创新等多方面示范功能为一体的林业科技创新基地，培植一批科技型龙头企业。三是大力发展林业高新技术产业。紧密结合我国林业发展的实际，通过信息技术、生物技术、新材料技术等高新技术在林业上的应用，在林木种苗、竹藤花卉、资源培育、植物生长促进剂、木质及非木质新型复合材料、资源管理等方面建立一批林业高新技术企业，并以此促进传统林业产业的技术改造和产品的更新换代，提升林业产业的竞争力。四是建立健全符合市场经济规律的新型管理体制和运行机制。按照现代企业制度的要求，建立有效制衡的企业法人治理结构，实现政企分开，落实自主权，放活经营权；建立股份制、股份合作制等多种经营模式，形成有效的竞争激励机制，充分调动各方面投入林业科技产业建设的积极性。

### （六）广泛开展林业科技国际合作与交流，提高林业科技的国际竞争力

随着全球经济一体化进程的加快，林业发展及生态环境建设将在一个更加开放的环境中进行，这给林业科技的发展带来了新的发展机遇和严峻的挑战。林业科技必须抓住

机遇，沉着应对，尽快形成全方位、多层次、宽领域的对外开放新格局。一是针对国际上的规则要求及其变化，及时加强对科技政策等相关问题的研究，制定应对措施，调整发展战略。特别是要充分利用"绿箱政策"中有关的优惠措施，加强林业科技能力建设，提高林业科技持续创新能力。二是抓住机遇，充分利用好国内国外两种资源、两个市场，不断扩大科技合作与交流领域。实施"走出去"战略，鼓励林业科技人员参与国际重大林业问题的合作研究，取得自己的知识产权和发展的主动权；实施"请进来"战略，不断加大引进国外先进技术和智力工作力度，提高我国林业发展和生态环境建设的技术水平和管理水平。三是积极开展经济贸易活动，促使我国林业科技新产品、新技术进入国际市场，参与竞争，提高国际影响力。

## 二、建立健全人力资源开发体系

### （一）用现代化思想指导林业人才开发和教育

在人才战略实施上，树立整体性人才开发的思想，培养和开发适应现代林业发展需要的行业人才；在培养开发模式上，树立人才要主动适应林业发展需要的思想，把人才开发培养建立在自我提高、自我加压的基础上；在基础与专业教育的关系上，树立加强基础教育，拓宽专业口径，增强人才培养适应性的思想；在知识传授与能力和素质的关系上，树立注重素质教育，融传授知识、培养能力与提高素质为一体，相互协调发展、综合提高的思想；在理论与实践的关系上，树立理论联系实际，强化实践教学的思想；在教与学的关系上，树立学生是教学活动的主体，更加重视学生独立学习能力和创新精神培养的思想；在统一要求与个性发展的关系上，树立在一定的教育目标指导下，人才培养模式的多样化以及加强因材施教，促进学生个性发展的思想；在本科教育与终身教育的关系上，树立本科教育要重视学生独立获取知识能力的培养，为学生终身学习和继续发展奠定基础的思想。要充分认识到未来社会对高质量的人才需求的紧迫性，强化质量意识，建立起现代人才质量观。在加强素质教育中，注重学生思想道德素质、文化素质、业务素质和身心素质的全面发展。结合当地经济和社会发展实际，推动林业科技教育相结合，统筹发展农村的基础教育、职业教育、成人教育和高等教育，培养用得上、留得住的人才。

## （二）建立健全林业教育培训制度，构建适应新世纪需要的人才培养模式

教育培训体系要建立政府统筹、教育部门主管、林业科技等多部门参与的管理机制。构建以高等院校、科研院所为龙头，地市、县高中等职业院校为骨干，乡、村农民学校为基础的省、地、县、乡、村林业农村教育培训体系。为扎实推进素质教育，应在农村初中适当引入劳动和生活技能的教育内容，特别是要在农村初中普遍开展"绿色证书"教育作为实施"全国绿色证书"教育的有效途径，从而加力推动我国林业科教的改革与发展。

高等林业院校要按照"培养基础扎实、知识面宽、能力强、素质高的高级专业人才"的总体要求，探索多样化、多规格化的人才培养模式。高等林业院校根据人才知识、能力、素质结构的整体走向，要着重针对传统内容与现代内容、传授知识与提高素质、基础与应用、继承与创新、实施面向21世纪教学内容与课程体系改革计划等方面，深入展开研究，取得成果，通过试点后推广应用。教学方法的改革要有利于加强学生自学能力、独立分析解决问题能力的培养，有利于加强学生创新思维和实际创新能力的培养，有利于个性和才能的全面发展。

要进一步明确中央与地方、行业与企业、行业与社会的责任与分工，正确处理好行业管理与地方管理、行业培训与工程培训、行业培训与社会培训的关系。

## （三）完善林业教育培训体系和运行机制

进一步制定并完善林业各类岗位规范、资格认定制度和持证上岗制度，制定配套政策，把培训、考核、使用结合起来，逐步建立培训、考核与使用一体化的运行机制。在林业行业中逐步推行职业资格证书制度，切实加强林业职业技能鉴定工作。利用多种形式积极开展林业培训，鼓励学校、企业、个人和社会团体积极参与。企业要对所属的员工定期地进行业务知识和技能的培训，创造条件为员工提供进修学习和培训的机会，包括在职或短期脱产免费培训、公共进修等。

网络教育的特点是信息量大，覆盖面广，不受时间、地点的局限，适合社会各阶层受教育者的终身多种需求，是加强林业教育培训的好形式。要增加网络教育的各种设施，如专用卫星、计算机网络的硬件和软件。联合高层次人才组成的国家科研院所、高等院校与企业，形成网络，互相支持，成为一个开放的整体。重视基础教育，培养具有较高

技能、能够传播最新知识的人力资源。

### （四）活化用人机制

一是改革和完善专业技术职务聘任制，改革工资分配制度，改革大中专毕业生分配制度，建立社会保障制度，引导人才资源合理配置；二是发挥供求作用机制、竞争作用机制、工资作用机制等人才市场运行机制的作用，加强政府的政策指导和法律约束，使政策配套；三是吸引国内外高级人才为我国林业建设事业提供专门或短期服务，打破行政隶属关系、户籍管理制度和不同所有制关系对人才的束缚，实现人力资源跨地区、跨行业、跨所有制的优化组合；四是利用外国专家讲学、学术交流、合作研究、合作开发，合作培养研究生、指导实验室工作，用使其担任客座教授和顾问等方法，引进智力、信息和经验，实现人力资源的共享；五是支持多家企事业在自愿、互利的基础上，结成"人力资源战略联盟"，在更大范围内实现人力资源的共享。

### （五）稳定基层和林区人才

通过对工资、福利、艰苦地区林业从业人员的津贴、特殊岗位津贴、住房待遇、工作条件、进修学习、职务职称晋升等政策调节措施，把优秀人才留在基层。据调查，林业行业的人员工资普遍比其他行业的工资要低，特别是林区工作人员的工资更低，因此应制定向林业行业人员，尤其是基层或林区工作人员倾斜的工资、津贴和福利政策。例如，凡在林区工作的林业人员，可浮动工资，连续工作满一定年限的予以固定；长期在林区工作的人员，其津贴在工资中的构成可比国家规定的比例高；凡是到林区工作的大中专毕业生，可提前定级；对承担林业重大建设项目和重要研究课题的国内外专门人才实行岗位津贴制度，费用在项目和课题经费中专项列出；加大对员工提供经济性的福利服务项目的力度，如增加医疗保险、带薪疗养和休假的机会等。通过这些政策，逐步改善基层和林区人员的工作和生活条件，进一步落实子女入学就业、配偶安置和退休管理服务工作，并在购房上给予适当的照顾，切实解决他们的后顾之忧。

### （六）建立林业人才库，培育林业人才市场

加强人才信息的收集、加工、储存和提取工作，建立人才考核评价和人才调查统计体系（人才市场不仅仅指人才中介机构，它还包括人才供求的市场关系、市场信息、市

场价格等内涵）。组建国家、省、地三级林业人才库，建设各级林业人才市场，建立完善各类林业人才网络体系，及时掌握人才资源状况，引导人才合理流动。

### （七）制定劳工标准等措施，加强对林业劳工权益的保护

通过制定劳工标准，包括劳动报酬、劳动条件、劳动时间、劳动保护等措施，切实加强对林业劳工权益的保护。具体措施可以考虑以下几方面：林区职工的工资标准不应低于同类行业人员，而且应保证按时足额发放；完善和落实各种基本的福利设施和制度，包括保证员工生活的项目（健康服务项目和各种集体服务设施）、员工文化娱乐项目和经济性的福利服务项目以及教育培训福利项目等。采取各种安全技术措施，控制或消除生产中极易造成员工伤害的各种不安全因素；采取各种劳动卫生措施，改善作业现场的劳动条件，避免化学的、物理的、生物的有害有毒物质危害职工的身体健康，防止发生职业性中毒和职业病；遵守标准工作时间，严格控制加班加点现象，保证劳动者有适当的工余休息时间。完善劳动保护的管理制度，包括宣传教育制度、安全生产责任制度、安全生产检查制度等。

### （八）加强对全社会的林业和生态意识教育，提高全民的生态意识

政府相关部门应将增强国民生态文明意识列入国民素质教育的重要内容之中。通过加强森林公园、自然保护区、生态科普基地建设，出版科普读物，开展生动活泼、喜闻乐见的群众性宣传教育活动，向国民特别是青少年展示古今中外丰富的森林文化，扩大生态文明宣传的深度和广度。增强国民生态忧患意识、参与意识和责任意识，树立国民的生态文明发展观、道德观、价值观，形成人与自然和谐相处的生产方式和生活方式。要把林业和生态知识纳入中小学课本中，纳入科学普及和社会道德教育培训体系中，以学校教育为起点，建立健全结构优化、纵向衔接、横向沟通的林业教育新体系，以高等院校、科研院所为龙头，以各级各类全日制学校为依托，以地（市）、县高中等职业院校及乡、村林业学校为骨干，以各级林业教育培训基地为重点，突出职业教育，强化成人教育，推广网络教育（远程教育）和继续教育，全面提高全社会的林业和生态意识。

### （九）加强林区教育和人才开发

政府应关心和支持林区基础教育，确保林业基础教育的投入，巩固和提高林区基础

教育的质量。目前林区基础教育使林业企业不堪重负，可以结合国有林区管理体制改革，交由社会来办。要加快林业职业技术教育的发展步伐，密切结合林业发展的需要，进一步发展中等林业职业技术学校和高等林业职业技术学院，将其作为培养劳动后备力量的主力军队伍。充分利用现有资源，鼓励高等学校利用社会力量投资兴办或与企业合作举办高等林业职业技术学院，大力促进林业职业技术教育的发展。采取多元化办学模式，发展林业高等教育，为林业现代化建设培养大批合格的高层次林业人才，在发展现有公立林业高等教育的同时，吸收民间力量和外国资金，鼓励和支持社会力量办学，积极推动中外合作办学，形成多种所有制办学的格局。要制定优惠政策，稳定林区人才队伍，吸引国内外各类人才参与林区建设。

## 第四节 建立健全完备的林业法治体系

坚持依法治林是保障林业发展、维护林业正常秩序的需要，也是林业发展的一条重要经验。在市场经济体制下，要把林业建设的全过程都纳入法治轨道，对各种生产经营行为进行规范、引导和制约，强化与之相适应的法律，采取严格的法律手段保护森林，发展林业，保护林业建设者的合法权益，坚决打击一切破坏森林资源的违法犯罪行为。

### 一、林业法治建设的成就和现状分析

（一）林业立法工作取得很大成绩，但仍需进一步完善

改革开放以来，我国林业立法速度明显加快，全国人民代表大会及其常务委员会先后审议通过或者修改并颁布实施了以下法律，即《第五届全国人民代表大会第四次会议关于开展全民义务植树运动的决议》《中华人民共和国森林法》《中华人民共和国野生动物保护法》《中华人民共和国种子法》《中华人民共和国防沙治沙法》等。

国务院先后发布实施了有关林业的行政法规12部次，包括《国务院关于开展全民义务植树运动的实施办法》《森林和野生动物类型自然保护区管理办法》《中华人民共和国森林法实施细则》《森林采伐更新管理办法》《森林防火条例》《森林病虫害防治条例》《陆生野生动物保护实施条例》《植物检疫条例》《自然保护区条例》《野生植物保护条例》《中华人民共和国植物新品种保护条例》《中华人民共和国森林法实施条例》等。除了上述有关林业的法律法规以外，《中华人民共和国刑法》等有关法律法规也有一些涉及林业的修改规定。

由林业部门牵头执行（或参加牵头执行）的国际多边公约或者双边协定有：《联合国防治荒漠化公约》《濒危野生动植物物种国际贸易公约》《关于特别是作为水禽栖息地的国际重要湿地公约》和《国际植物新品种保护公约》等。参与执行的有：《保护臭氧层维也纳公约》《联合国气候变化框架公约》及《京都议定书》《生物多样性公约》等。我国由林业部门负责执行的有关环境资源保护的双边协定有：《中日候鸟保护协定》《中澳候鸟保护协定》《中美自然保护议定书》《中印老虎保护协定》和《中俄老虎保护协定》等。

这些法律法规对加强我国森林资源、野生动植物资源的保护、培育和合理利用，开展全民义务植树活动和防沙治沙工作，建设管理自然保护区等发挥了重要的作用，促进了依法治林的开展。随着市场经济体制的建立和林业的发展，必须对原有的法律法规进行修订、完善、补充，使之进一步发挥作用。已经不适应实际的要进行调整，空白的要予以补充，该强化的要予以强化。重点要研究和制定保证生态优先、维护生态安全、推进生态文明的法律，贯彻实施《防沙治沙法》和国际公约的立法，以及制定若干配套的行政法规。

## （二）有法不依、执法不严、徇私枉法问题时有发生

林业执法部门的部分工作人员在工作中有法不依、执法不严、徇私枉法问题时有发生，这不仅阻碍了林业法治建设的进程，还玷污了林业主管部门的形象，这是当前法治建设中最突出的问题。原因主要有以下几个：

### 1. 地方保护主义和官僚主义

一些地方政府、部门和单位重眼前利益轻长远利益，地方保护主义和部门保护主义严重，有的甚至姑息纵容违法犯罪，有的对违法案件有着"大事化小、小事化了"的态

度,推诿扯皮,久拖不决;有的纵容林业系统内部监守自盗,引发了破坏国家森林资源的恶性案件。

### 2. 对违法犯罪行为打击不力

有的部分地方工作人员法治观念淡薄,对严格执法的重要性认识不够,对破坏森林资源违法行为制止不坚决,打击不力。盗伐滥伐、毁林开垦、乱占林地、违法运输、经营加工木材案件数量居高不下,大案要案还时有发生。

### 3. 监管制度不完善

一是缺乏规范的案件报告制度。对一些突发事件、重大案件缺乏敏感性,反应迟钝,信息不灵。二是缺乏严格的责任追究制度。案件发生后,对地方和单位负责人应该负什么责任,都没有可遵循的明确依据,使得森林资源监管措施乏力度,把各级政府的主要领导作为第一责任人的机制还未全面落实。

### 4. 执法队伍素质有待提高

林业执法内容的复杂性、专业性等特点,决定了从事林业执法工作的工作人员必须具备较高的素质,掌握一定的法律知识和专门的林业知识。《中华人民共和国行政处罚法》和国务院的有关规定实施以后,全国林业系统经过多次清理整顿,虽然工作人员素质有了很大的提高,但还有一些问题:一是从事林业执法的工作人员的总体知识水平不高,部分第一线工作的基层执法人员学历不高。二是执法人员的法律知识不全面,除森林公安干警根据《中华人民共和国人民警察法》的规定具有一定专业知识外,多数基层执法人员接受法律知识培训、学习的经历十分有限。三是办案质量不高,有的案件在法律法规适用、执法程序、法律文书制作等方面都出现了不同程度的差错,很难保证公正执法。四是少数执法人员徇私舞弊、滥用职权,以权谋私,执法犯法,损害了法律应有的公正性和严肃性,影响了林业主管部门的形象。

## (三)普法工作开展存在问题

林业普法是林业法治建设的基础性工作。只有人们对国家的法律有了基本的了解,遵纪守法,规范各种行为,才能依法行使自己的权利,履行自己的义务。目前林业普法工作的开展还存在一些问题:一是一些地方领导干部对普法工作的重要性认识不足,没有把普法工作纳入议事日程,普法工作机构不健全,普法经费不落实,没有认真执行考核验收制度，致使这些地方的普法工作水平整体较低。二是在一些边远的林区，由于经济、文化发展水平的限制，信息传播手段落后，普法培训工作难以开展。个别地方还受封建迷信思潮影响，或者是家族宗法观念至上，增强法律意识的动力不足。三是一些地方由于客观条件限制，森林资源稀少，对林业的地位和作用认识不深，林业主管部门机构不健全，对林业法律、法规的宣传和执行不到位。

## 二、加强林业法治建设的途径

（一）强化综合法律对林业的支持，加强林业专项立法

清理、修改国家综合法律条款中阻碍加速林业发展的部分，使之适应林业发展的要求。在完善林业综合立法的基础上，强化林业专项立法，特别是要突出对生态建设、生态安全和生态文明的立法，抓紧制定天然林保护、退耕还林、湿地保护、国有森林资源经营管理、森林林木和林地使用权流转、林业建设资金使用管理、林业工程质量监管、林业重点工程建设等方面的专项法规，加快修订现行不适应市场经济要求的法律法规，尽快建立现有法律的配套法规体系，确保林业各方面的工作都有法可依。

（二）建立和执行破坏森林资源案件责任追究制度

针对当前森林资源保护管理的严峻形势，政府相关部门要建立和严格执行发生破坏森林资源案件时的责任追究制度。对凡是不认真履行职责，监管失误，甚至违反有关法律、法规和政策规定，执法犯法，导致森林资源遭到破坏的国家工作人员，要坚决追究其行政责任直至法律责任。

（三）加大违法犯罪的打击力度，有效遏制林业重大案件发生

要结合林业案件发生的形势，及时组织开展林业严打斗争，制造声势，严厉打击破坏森林的违法犯罪活动。林业系统内部监守自盗是一种十分恶劣的行为，造成的社会影响极其恶劣，必须切实加大查处和打击的力度，决不姑息养奸。东北、内蒙古重点国有林区是我国森林资源分布最集中的地区，要把这一区域作为严打整治的重点区域来抓，打击重点是超限额采伐和企业法人的违法犯罪行为。要狠抓一批超限额采伐的典型案例，

一查到底，追究企业法人的法律责任，以坚决遏制破坏森林资源犯罪行为的蔓延之风。林业主管部门要加强与公安、工商、海关、监察、环保和纪检部门的合作，相互支持，协同作战，形成严打整治的强大合力。对影响重大的案件，要请检察院和法院提前介入，力争快破、快捕、快判，做到严格依法办案，绝不以罚代刑，大事化小。要建立督办案件和严打情况通报制度，实行重点对象挂牌治理，领导挂牌督办，限期查结。

### （四）严格执法监管，建立规范约束的执法机制

一是实行案件报告制度和案件督办制度，对所辖区域发生的破坏森林资源案件，未及时发现、上报，甚至是隐瞒不报的，要严肃追究有关责任人员和领导的责任。对查处林业案件不力的，上一级林业主管部门要下达督办通知书，案件管辖单位要在限定时间内办理完毕并报告处理情况。

二是实行错案追究和赔偿责任制度，对不负责任造成有法不依、执法不严的，要追究执法人员的责任；对违法办案造成侵犯当事人合法权益的，要依法承担赔偿责任和其他法律责任。

三是加强执法检查，加强社会监督，建立行政执法动态监督机制。在加强内部监督的同时，扩大外部监督制约。各级人大、政协要及时组织林业法实施情况检查、视察活动，抓住执法中的热点和难点问题，实行重点检查监督，对执法中存在的问题，督促其改正。加强对全社会的林业法治宣传教育，林业主管部门要广开举报途径，设立投诉电话，明确举报受理机构和人员，积极履行告知义务，自觉接受社会监督。

四是改革执法体制，进行相对集中的执法权探索。林业执法工作要不断适应林业发展的新形势，积极探索建立有利于提高林业执法权威和效率的执法体制。其具体做法是，在县级以上林业主管部门设立综合性的专门执法机构，将以林业主管部门名义行使行政处罚权、现在由林业主管部门不同的内设机构负责查处的林业行政案件，全部由执法机构负责查处，其他机构负责主管业务的管理工作，不具体参与案件查处，林业主管部门的法制工作机构对执法工作依法负责监督管理。

### （五）规范执法行为，提高林业行政执法队伍素质

一要把好入门关，录用执法人员要有严格的标准，经考核合格的才能上岗，同时要安排政治素质好、责任心强的人从事执法工作。二要经常不断地抓好执法人员的学习、

培训工作，使其牢牢掌握林业法律法规知识，对所从事执法工作的范围、对象、权限、手段、权利和义务等内容，必须熟练掌握，并且及时更新知识结构。三要抓好执法队伍教育，实行廉政执法，对少数素质低、不符合执法资格条件或者有违法乱纪行为的执法人员，要坚决予以清除。四要坚持实行凭证执法，从事林业行政执法活动的，应当取得全国统一的《林业行政执法证》。五要建立激励机制，定期开展评比活动，对在执法工作中成绩突出的执法人员，给予精神或者物质奖励。结合实行执法责任制和错案追究制，建立和推行执法人员考核"末位淘汰"机制，对在一定时期内考核结果在本单位排名居后的执法人员，根据具体情况调离执法岗位，重新安排工作。

## （六）强化林业普法，使公民知法懂法

林业普法是一项长期的、艰巨的工作。各级领导要高度重视普法工作，指定专人负责，建立专门的队伍，制订切实可行的普法规划和计划，明确普法工作的主要任务、计划、实施步骤和考核验收办法，提供并落实必需的经费，为完成各项普法工作创造良好条件。具体有以几个方面：

### 1. 建立健全普法工作制度

建立健全普法工作目标管理责任制。各级普法规划分解形成年度工作计划，层层落实工作任务，明确年度工作目标，并组织进行严格的考核，考核结果作为评价普法工作机构业绩及对普法工作人员进行奖惩的主要依据，以此加强对普法工作人员的管理，提高普法工作质量。要建立健全公务员法律知识学习培训和考核制度。林业行政主管部门的公务员（包括各级领导干部）多数要在日常工作中履行法定的职责，他们的法律素质直接影响法律实施的后果，影响行政管理的水平，影响行政决策的效益。因此，应当始终把公务员列为重点普法对象，定期组织法律知识培训并进行考核。抓好了以公务员为主的普法对象的学习培训，就抓住了普法工作的重点。

### 2. 将普法考核结果作为干部、职工晋升、晋级的重要依据

普法工作往往被视为"软"任务、可有可无的事情，产生这种现象的原因主要在于人们对普法工作重视不够，对普法的作用认识不深。目前，把"软"任务变成"硬"指标是提高普法工作效率的关键所在。总结各地的经验，在今后的普法工作中，一个可行的办法是逐级推行把普法考核结果作为干部、职工晋升、晋级的重要依据之一，从而把普法工作与每一个普法对象的切身利益紧密相连。这样做有利于提高人们对普法工作重

要性的认识，增强普法工作实效，也有利于提高干部、职工自身的法律素质，从整体上不断推进普法工作。

3.落实普法工作经费

普法工作的目标是提高全体公民特别是各级领导干部的法律素质，因此普法工作具有一定的公益性。普法工作又是由各级政府及其有关部门组织进行的，体现了一定的政府职能。从做好普法工作的外部条件来说，必须保证一定的工作条件。所以，必须严格执行有关普法工作的预算，确保普法工作的有效运转。

（七）改革林业行政审批制度

要按照逐步建立与社会主义市场经济体制相适应的行政审批制度的要求，按照WTO的原则，改革林业行政审批制度，促进依法行政，提高行政效率。要在全面清理林业行政审批制度的基础上，提出改革的意见。改革的原则是正确处理合法性原则和合理性原则的统一，对既合法又合理的，提出保留意见；对有法律法规和规范性文件依据，但已不适应政府职能转变和市场经济要求的审批项目，提出取消或调整意见；对符合合理原则，但不符合合法原则的，尽快提出依照法定程序修订的建议。

（八）加强对国有森林资源的监管

由于国有林区管理体制存在一定的问题，这在一定程度上加剧了对森林资源的破坏。因此，要充分用足现有的条件，加强对资源的监管。按照《中华人民共和国森林法实施条例》的有关规定，向有天然林资源保护工程区及重点集体林区的省份派驻森林资源监督机构，进一步加强对森林资源保护管理的监督检查。各地要从实际出发，逐级向下派驻森林资源监督机构，抓紧制定森林资源监督管理办法，规范监督行为，明确监督职责。对不履行职责的，要严肃追究监督机构主要领导的行政责任。

## 第五节 建立与国际接轨的新型合作交流体系

新世纪的林业发展必须积极面对经济全球化、贸易自由化以及我国加入WTO的机遇与挑战，广泛吸纳外部生产要素和先进管理思想，全方位扩大林业对外开放，加强林业领域的国际合作，加快国际接轨步伐，大力发展外向型经济，扩大林业发展空间。

### 一、顺应林业发展的国际趋势

（一）随着全球环境问题的加剧，林业的国际地位日显重要

随着世界各国对森林与环境问题的日益重视，全球林业正在发生着深刻的变化。人们最早认识的林业是一项传统产业。自16世纪早期工业革命以来，人类文明加速发展，但生态环境却在不断恶化。气候变化异常、生物物种消失、土地资源荒漠化等一系列与森林有关的环境问题使人们对林业内涵的认识逐步深化。林业已经成为国际政治、经济、外交斗争的一个重要方面，其地位日益重要。特别是1992年联合国环境与发展大会之后，林业的公益效益及其地位正在日益得到强化。为了迎接新形势的挑战，各国政府和国际组织纷纷调整了自己的发展战略，力求在竞争发展的大格局中立于不败之地。

自1992年联合国环境与发展大会以来，国际社会先后成立了政府间森林问题工作组、政府间森林论坛、联合国森林论坛等机构，开展了世界范围内的官方磋商，力争在此问题上有所突破，以实现全球性的森林可持续发展。与此同时，由全球150多个国家参加制定的森林可持续经营标准与指标的国际进程和林产品认证工作也在蓬勃发展，国际社会所产生的变化都不同程度地直接影响或间接波及了各个国家的林业部门。近年来全球范围内开展的林业政策、计划和管理机构的调整，不仅体现出外部的政治经济倾向，也反映了林业部门内部的变革。我国在加入世界贸易组织（WTO）后，严格遵循国际通行的市场规则，实行公开、透明、平等的贸易和投资政策，进一步推动全方位、多层次、宽领域的对外开放。我国林产品已经完全进入全球市场。

### （二）国内林业新形势对推进林业国际合作提出了新要求

加入WTO后，我国由有限范围和领域的开放转变为全方位的对外开放；由以试点为特征的政策主导下的开放转变为法律框架下可预见的开放；由单方面为主的自我开放转变为与世贸组织成员之间的相互开放。随着我国改革开放的不断深入，党中央、国务院和社会各界对林业空前重视，国民经济发展和社会可持续进步对林业的要求也越来越高。林业已经成为我国国民经济和社会可持续发展的基础，成为我国生态建设的重要的组成部分。特别是西部大开发战略的实施和六大林业建设工程的相继启动，使林业的转轨变型进入了实质性层次，林业的性质、任务正经历着前所未有的深刻变化，林业正在加速实现由以木材生产为主向以生态建设为主的历史性转变。传统林业的影子正在日趋淡化，现代林业的轮廓正在显现。所有的这一切不仅给林业的对外开放工作带来了良好的发展机遇，同时也带来了挑战。

### （三）中国林业必须更广泛地参与国际分工与合作

经过多年的不懈努力，我国林业对外开放工作取得了显著的成绩。近些年来，在民间交流与合作方面，我国林业相关部门与多个具有国际影响的非政府组织、机构和企业建立了良好的合作关系，开展了多个合作项目。国际合作项目的实施，为我国林业改革与发展探索了一系列成功经验和示范样板。此外，民间的合作与交流，为我国林业掌握和了解国际林业动向培养和造就了一大批具有国际影响力的专家。

在管理多双边政府间合作项目方面，与相关多双边政府组织和机构共同筹措资金，在中国贫困地区开展了林业合作项目。项目主题涵盖了森林经营管理、木材加工与利用、木材基础研究、森林病虫害防治、野生动物保护、应对地震灾害的森林植被恢复与示范、水土保持和水源林管理、荒漠化防治技术、荒漠化监测、保护区管理、湿地生物多样性保护与可持续利用、培训教育、林业政策分析评价研究等林业行业的诸多领域。经过合作双方的共同努力，各项目均取得了令人满意的成果。更重要的是，为我国林业的发展引进了先进理念、资金、技术与经验，使我们少走弯路，赢得了宝贵的时间。

但是，随着全国和全球经济一体化进程的加快，地区界限、行业界限、国别界限越来越模糊。林业如果不加大力度，主动融入经济社会发展的大格局，就会逐步被时代所淘汰。我国必须紧紧抓住机遇，采取有力措施，在对外开放的广度和深度上迈出实质性步伐。开展对外交流与合作,这是实现林业跨越式发展的需要,是我国林业同世界林业接轨的需要,必须从世界经济发展的客观规律和共同发展趋势的高度认识我国对外开放的客观必要性,进一步实行"走出去,引进来"的对外开放政策,把对外开放作为一项战略性任务抓紧、抓好。要在自力更生的基础上,把视野从国内范围扩展到国际范围,放手调动国内一切可以调动的积极因素,放手利用国外一切可以为我所用的因素,学习、引进、吸收国外的先进经验和实用技术,发展我国林业。

## 二、加快林业与国际合作的有效措施

(一)增强开放的意识,树立正确的指导思想

面对林业改革开放发展的新形势,必须顺应全球化的发展趋势,进一步加大对外开放力度,发展开放型经济,加大商品和服务贸易,优化进出口结构,坚持和完善利用外资方针,有步骤地加大开放程度,以提高中国林业在国际上的竞争力为目标,不断提高林业对外开放的水平和效益。

必须关注全球环境保护事业日益升温的形势,履行与林业有关的国际公约。必须从国际和国内发展的趋势出发,积极扩大国际合作与交流。必须跟踪全球林业发展动态,积极参加研究对策,按照维护国家权益、为国家林业建设服务的原则,积极参与国际合作。要针对我国加入世界贸易组织、参与国际森林问题磋商和亚太经合组织林产品贸易自由化谈判等国际重大活动,认真研究经济全球化后给中国林业带来的挑战和我国林业参与国际贸易的利弊,要结合多边国际谈判,积极参与全球林业游戏规则的制定,并加快我国森林可持续经营标准与指标体系、森林认证体系的建立,及时做到中国林业与国际林业的接轨。

(二)积极参与林业全球游戏规则的制定

研究制定适合我国国情的森林可持续发展标准和指标体系,制定林产品贸易相关政策和对策,维护国家的根本权益。要充分利用"绿箱"政策,特别是有效利用结构调整支持、环境计划支持、地区援助等手段,加强林业的能力建设,提高我国林业产业的竞争力。

在积极参与国际森林问题多边磋商以及亚太经合组织林产品贸易自由化谈判等对我国林业有影响的重要活动的同时,要结合我国加入WTO的现实,认真研究我国林业,特别是要认真分析林产工业面临的挑战以及将来国际森林公约政府间谈判、林产品区域贸易自由化给我国带来的利弊。

### (三)认真履行与林业有关的国际公约

不论是由林业牵头执行的《联合国防治荒漠化公约》《濒危野生动植物物种国际贸易公约》《关于特别是作为水禽栖息地的国际重要湿地公约》等,还是参与执行的《保护臭氧层维也纳公约》《联合国气候变化框架公约》《京都议定书》《生物多样性公约》,以及有关双边协定等,都要认真履行我们的义务,切实按公约办事,加大履约的责任,树立中国在世界上的良好形象。

### (四)利用好国内外两种资源、两个市场

要着力在引进技术、引进资金、引进管理经验上下功夫。实施木材资源进口替代和木材加工产品出口导向相结合的战略,尤其是沿海地区,应借助地利,发挥优势,为引进外资造林,发展林产工业创造经验,充分利用国际资源,弥补国内需求缺口,发挥比较优势,以形成多层次的对外开放格局。大力发展外向型经济,增强林业的国际竞争力。

### (五)转变政府管理经济方式,提高按国际通则办事能力

最大限度地减少对林业企业的直接管理,变直接管理为间接管理,变单项管理为综合管理,变实物管理为价值形态管理的同时,要改革林业投资体制,全面建立生态效益补偿制度。这是广泛吸收资金、调动全社会生态保护积极性的根本举措。

尽快建立现代企业制度,提高企业国际竞争力。要摆脱资源约束,加快工业原料林基地的建设步伐、加大国外森林资源的开发力度。人造板业要提高主导产品生产规模、档次,巩固市场占有率。制浆造纸业要实现林纸一体化,以市场为导向,做到以纸促林、以林保纸。森林旅游要加强优势旅游资源开发,培植森林旅游企业。花卉产业则要依据不同生态条件发展特色品种,着力市场建设等。

### （六）开展全方位多领域的对外交流与合作

一是采取多元化的策略把林业融入国际主流。积极引进发达国家的关键技术、管理手段、政策经验及先进适用的成套设备，为我国林业建设事业服务。要发展双边，加强多边，稳定周边，开拓民间，积极促进林业对外开放的全面发展。即在合作渠道上，坚持官民并举，突出发挥民间渠道的灵活性；在合作对象的选择上，统筹兼顾，把引进技术和资金的重点放在西方发达国家上，把输出人才和科技成果以及引进资源的重点放在周边国家及其他发展中国家上；在合作形式上，要采取多样、灵活的方式，要发挥优势、扬长避短，进一步完善多渠道、多层次、多形式、全方位的对外交流与合作。

二是多渠道、多层次筹措资金，进一步加大利用外资力度。积极争取国外援助、优惠贷款和外商投资，投入营造林、林产工业、制浆造纸等领域建设。①发挥林业资源优势，努力扶持外向型林业企业发展，在强化传统主导产品出口的同时，积极开发新兴产品、高附加值产品，把我国林业新产品、新技术打入国际市场，以增加国际竞争力。②进一步扩大利用外资的规模。在充分利用林业自有资金、国家拨款和贷款的同时，还应实行多渠道、多方式、多层次的投入；要考虑把利用外资同调整经济结构、促进产业优化升级、提高企业经济效益结合起来，同建立和完善社会主义市场经济体制，增强林业行业的国际竞争力结合起来，同扩大出口，发展外向型经济结合起来。③抓住国际社会和发达国家关注环境和森林的有利时机，结合我国西部大开发战略中林业生态建设工程，继续积极争取无偿援助，同时积极探索利用发达国家的政府低息优惠贷款推动合资合作。根据我国商品林基地建设和林业产业化发展的实际需要，积极发挥政府外事部门的优势及桥梁作用，为企业使用外国政府贷款、招商引资搭台，形成政府搭台、企业唱戏的局面，扩大利用外资规模，弥补国内林业建设资金的不足。

三是充分发挥科技合作的先导作用，促进我国林业的升级上位。科学技术的国际化、全球化趋势已日益明显，国际互动已成为参与国际竞争的重要手段。在21世纪林业科技发展必须站在国际化的高度来构想，要在扩大贸易、国际科技合作与交流等方面取得长足进展。林业国际合作要以科技为基础，以市场为导向，以贸易为纽带，以经济效益为目的，走"科经贸一体化"的发展道路。重点要在生态环境问题、实施西部大开发战略、林业重大工程建设以及林业产业建设中充分发挥其先导作用，通过进一步促进我国林业的科技创新，为林业发展提供强有力的支撑和保障，同时也为新世纪林业建设提供更广阔的发展空间，以推动林业的跨越式发展。

（七）从战略的角度出发，抓好海外森林开发

要加大海外开发森林、输出劳务和技术的力度，合作方式可视本部门、本单位的具体情况而定。要有重点地将对俄森林资源开发作为突破口，积极探讨与非洲、东南亚、南美洲等地区合作开发森林资源的有效途径和具体方式。通过境外投资获得长期来源，以缓解国内木材供需矛盾；与境外投资相结合，实行有选择的资源开发劳务输出政策，将林业开发项目与适量的劳务输出结合起来；以国内较成熟的技术和成套设备作为投资，有计划地到发展中国家发展林业加工工业。

（八）提高外资项目管理水平

世行贷款造林项目、联合国援助项目、外国政府援助项目以及国外海外民间捐赠项目的实施为林业建设注入了活力。要切实加强对这些项目的实施和管理，树立良好的国际形象，为争取新的项目创造条件。

# 第七章 林业发展战略的地方实践

在探讨林业发展的理论基础、总体发展战略、关键技术与保障体系的基础上，本章以山东省临沂市和黑龙江省的林业发展为例，分析地方林业发展战略的实践关键。

## 第一节 临沂市林业产业发展实践

### 一、临沂市林业产业发展总体概况

临沂市立足传统优势产业，大力培植发展林业新兴产业，通过实施大蒙山国家级森林公园建设项目、森林防火能力建设项目、林木种质资源库建设项目、名特优新经济林基地建设项目、木本粮油建设项目、生物质能源林建设项目和林下经济建设项目等重点项目，积极争取省级扶持资金，进一步优化整合产业结构，全面调动社会各界参与产业开发的积极性。

总体来说，临沂市林业产业呈现出一产稳步增长，二产优势明显，三产迅速扩张的特点。特别是以木业产业为主的第二产业，占总产值的74%。据2024年初统计，临沂市林地面积为529.3万亩，居山东省第一，森林覆盖率为20.06%，居全省第六，市级以上森林公园有18处，自然保护区有13个，湿地公园有22个，全市林业产业总产值为1750亿元。

## 二、临沂市林业产业发展总体布局及规模

临沂市林业产业在总体发展布局上，第一产业以调整优化树种结构为重点，以杨树为重点的速生丰产用材林主要集中在沂沭河水系平原地区；大力培植以干鲜果为重点的名特优新经济林主要分布在北部山区和东部丘陵地；以花卉苗木业、林下经济建设等主要集中在中南部平原和城郊地区发展，形成了若干规模大、科学性强、集约水平高和各具特色的原料林基地和特色经济、产业带。由此形成了以沂河、沭河、汶河等河流两岸为主的210万亩（1亩约666平方米）杨树丰产林基地；以莒南、费县、沂南为重点的80万亩板栗基地；以郯城为重点的30万亩银杏生产基地；以平邑、苍山、费县为重点的100万亩金银花中药材生产加工基地；其中平邑县成为中国最大的金银花种植、加工、集散基地。该县以大毛花、"九丰一号"等优质品种为主的金银花年产干花1500万公斤，总产量占全国总产量的60%以上，"王老吉""同仁堂""哈药"集团、南京金陵制药等公司均在平邑建有金银花标准化种植基地，平邑全县从事金银花中药材销售的人员达10万余人，140多家金银花营销大户的销售额在500万元以上，多达20多个省、市的药材公司、制药厂在平邑设立收购点或办事处，年交易额4亿元以上，居全国之首。

临沂市还建设了以临沭、郯城、河东、莒南为重点的30万亩杞柳生产基地，以兰山、河东、罗庄、沂南为重点的10万亩名优花卉、种苗生产基地和以沂水为主的40万亩林下经济种养基地。其中，板栗、银杏、金银花、黄桃的面积和产量均在全省名列前茅。

第二产业以改造提升传统产业、发展现代产业为重点，突出发展木业、杞柳制品、果品加工等支柱产业，培育了一批产品附加值高、市场竞争能力强的优势产业带、企业群。目前，新港集团等2家板材企业获中国驰名商标，有15家板材、家具和罐头企业获山东省著名商标，千山木业等10家企业产品获省级名牌产品。郯城银杏、平邑金银花、莒南板栗、临沭柳编、蒙阴蜜桃、沂州海棠6个林产品商标通过中国地理标志商标认证。在全国桃品牌价值评估中，"蒙阴蜜桃"排名第一，被评定为"中华名果"；蒙阴县被誉为"中国蜜桃之都"。沂水的"高桥"牌大球盖菇、"覃香园"牌香菇等林下经济产品获得绿色食品认证。莒南的山东绿润食品有限公司是全国最大的板栗加工企业，开发的"栗甘露煮""冷冻糖炒栗仁""清水栗仁"等几十个（种）产品远销欧、美、日、韩等国家和地区。

第三产业将森林生态旅游业和林产品交易市场作为重点发展对象，临沂市充分利用名山名人名园等自然地理、人文优势和"中国板材之都"品牌效应，努力打造精品林产服务。通过多年的发展，全市已经初步形成了一批品位较高的旅游产品，如蒙山国家森林公园的森林样板生态游、蒙山县省级森林公园养生长寿文化等，这些森林旅游项目已经逐步成为省内外知名的旅游品牌。目前，全市共有森林公园18处，其中，国家级森林公园2处、省级森林公园10处、市级森林公园6处，总面积为28.45万亩，森林覆盖率为96.2%。批建省级以上湿地公园12个，其中国家级城市湿地公园2个、国家级湿地公园2个、省级湿地公园8个，批建面积40万亩。共吸引国内外游客达到1284万余人，林业旅游收入和休闲产值达到24亿元。有效地促进了当地旅游业的发展，带动了周边农民的增收致富。

## 三、临沂市林业产业发展深加工类型

（一）木材加工企业

木材加工既是林业的传统产业，也是林业的优势产业和主导产业。木材加工业在整个临沂市林业产业中占有很大的比重。近年来，临沂市板材产业发展势头迅猛，2011年，临沂市被授予"中国板材之都"称号，板材已成为临沂市名副其实的支柱产业之一。临沂市木材加工的特点表现在以下几个方面：

（1）木材加工业蓬勃发展，已成为林业支柱产业。临沂市木材加工业以本市丰富的森林资源为基础，取得了非常大的成绩和效益。目前在一些县和乡镇甚至已经成为主导产业。2011年，临沂市板材产业新增中国驰名商标1个、山东著名商标3个，发展省林业产业龙头企业10个。2014年全市具有规模的木材加工和木、竹、藤、棕和草制品业企业有541家，家具制造业有42家，造纸和纸制品业有80家，企业的迅速发展壮大为临沂市的经济发展注入了新的活力。近年来，随着经济的发展和生活水平的提高，人们对密度板、科技木、建筑模板、制浆造纸、家具、复合地板等的要求越来越高，需求越来越多，临沂市部分企业抓住机遇，购进设备，高质高量地生产此类产品，既满足了人们的需求，又提高了企业经济效益。2013年，全市人造板生产1839万立方米，人造板表面装饰板生产10.82万平方米，实木木地板生产3.03万平方米，复合木地板生产83.33万平方米，家具生产88.07万件，纸制品生产42.07万吨。产品档次不断提升。

（2）产业聚集度不断提高，区域特色明显，经济效益显著。近年来，临沂市木材加工业不断出现规模化生产、集约化经营的趋势，形成了各具特色的区域经济。在沂水县、平邑县、临沂市兰山区、费县等县区已经形成连片建设的木材加工集群，形成了规模化生产和集约化经营的局面，促进了生产要素的优化组合。沂水县河西木材加工厂位于沂水县龙家圈乡，该企业以当地的森林资源为依托，积极引导木材加工企业，目前已具相当规模。农民改变原来以卖原木为主的经营思路，更加重视木材加工，提升木材的含金量，增加市场竞争力，农民从中获得的经济效益不断增加。

（3）木材产业发展层次不断提升，木材产品结构不断优化。木材加工业发展初始阶段，农户大都以家庭为单位分散地经营，没有形成规模化生产和集约化经营。林产品结构单一，发展层次较低。近几年部分企业开始联合生产经营，注重提高科技水平，优化木材产品结构，大力发展了密度板、科技木、建筑模板的生产。一些制浆造纸、家具、复合地板生产项目也已开始落户临沂市，使得产品档次不断提升。临沂市通过各自有效措施，积极培养一批规模大、实力强、科技含量高的板材龙头深加工企业，以市场为导向，以高新科学技术为支撑，积极引导林业增长方式向质量效益型转变，提高板材的科技含量，提升板材发展层次，优化产品结构，增强板材市场竞争力，最终提高了经济效益。在高新科技的推广和应用下，升级改造让临沂板材产业焕发出无限生机。临沂市相继获得了"中国板材之都""国家优质人造板生产基地""中国木业板材城"等桂冠。

（4）林业基地建设的迅猛发展，为木材加工业的崛起提供了丰厚资源。临沂市土壤气候比较适宜经济林和用材林的生长，群众从20世纪六七十年代就开始种植经济林，临沂市通过实施退耕还林、长防林和治沙造林等一系列林业重点工程，林业资源建设取得了前所未有的大发展。兰山区、沂水县、莒南县、平邑县等各县区的经济林和用材林的种植量获得大力提高。林木资源的快速发展，为临沂市带来了巨大的经济效益，也大大改善了临沂市生态环境，为临沂市林业产业化的蓬勃发展奠定了坚实的基础。

（5）海外市场得到大力开拓。临沂板材积极对接世界，支持帮助出口产品企业，设立境外营销机构。相关部门要主动与产品出口企业沟通，根据企业的需求，有效做好服务支持工作，帮助有条件的企业做好境外考察和客户联系工作，帮助企业设立境外营销机构，减少中间流通环节，把利润直接让给境外客户，扩大境外市场销售量。

## （二）油茶等木本粮油产业

木本粮油是优质食物源，不仅能直接替代和补充粮食，还能改善食物结构，有益身体健康。临沂市目前大力发展油茶等木本粮油产业，保证全市粮油安全的前提下，确保了农民增收，同时巩固和扩大了集体林权制度改革。

## （三）生物质能源林建设

临沂市是山东省森林资源相对丰富的地区，临沂市生物质能源主要是指秸秆及农业加工剩余物、林木质及禽畜粪便等。目前随着农村经济的发展，临沂市广大农村充分利用当地的秸秆资源、林木资源以及禽畜粪便资源大力发展沼气、秸秆气化、木质气化等产业，有资料显示，临沂市拟建3~5个生物质发展项目。

## （四）花卉产业

临沂市罗庄区大力发展花卉产业，加强特色基地建设，提升花卉深加工水平。充分发挥龙头企业带动作用，采用"龙头企业+农民"的产业化组织模式，采用"统一品种、集中生产、统一销售、分户种植"的生产经营模式，带动周边农民增收致富。全区建成3个规模较大的花卉专业批发市场，其中鲁南花卉市场是全国单体面积最大，集销售、观光、旅游、休闲于一体的大型花卉市场。罗庄、双月湖街道充分利用国兰文化博物馆现有的资源优势，建成全国最大的非洲菊种质保存基地和国兰文化生态旅游区。依托江北最大的流苏桂花和红叶石楠生产基地，借助鲁南花卉市场、金湖花卉市场、万泉花卉市场平台，大力培植海棠、长寿果、兰花等特色优势品种。

# 四、临沂市林下经济发展

林下经济是近几年农业生产领域涌现的新生事物，是林业资源得以有效循环利用的新的经济生产经营方式。它使农、林、牧各业有机结合在一起，实现资源共享、优势互补和协调发展，促进了经济发展和人民生活水平的提高。

## (一) 林下经济发展总体情况

林下经济是充分利用林下土地资源和林荫优势从事林下种植、养殖等立体复合生产经营，是林业资源得以有效利用的可循环和可持续富民的经济，具有良好的经济、社会和生态效益。林下经济的发展有利于调动广大农民的积极性，增加农民收入，有利于林业资源的自我保护和自我发展和林业资源的合理有效配置。近年来，临沂市以丰富的林地资源为依托，抓住机遇，大力发展林下经济，提高林地资源综合效益，提高了经济效益。在各级政府有关部门的正确引导和大力支持下，农民转变观念，大胆创新，积极探索适合当地条件发展的林下经济发展形式，取得了显著的成效，农民增收明显，积极性变得更高，显示出较强的发展后劲。

2009年起，临沂市在全国率先推行国有林场回归公益事业管理体制，政府出资并购、流转荒山滩地，大力发展林下经济。临沂也成为全国首批国有林场改革试点市。自2011年，临沂市政府加大政策扶植，支持临沂发展林下经济，市林业局更是把林下经济列为重点发展的十大支柱产业之一，加大宣传力度，增大扶持力度，促进农民增收致富，加快林业产业发展，从而使临沂市林下经济产业表现出强劲的发展势头。

## (二) 主要模式及经济效益

林下经济的发展必须以丰富的林地资源为基础，充分利用林下土地资源和林荫优势从事林下种植、养殖等。由于各地的林木生长期不同，从而导致林地的郁闭度、林内的阳光照射度、林下草资源等生长状况也大相径庭。这使得林下经济模式的选择受到林木生长期的限制。临沂市各县区结合各自的地理条件和林业结构的调整思路，确定了适合当地林下经济发展的6种主要示范模式：林菌（菜）、林禽（畜）、林粮、林药、林花以及其他模式。

### 1. 林菌（菜）模式

林菌（菜）模式的适宜条件是：林下空气湿度较大、富含丰富的氧气、光照强度低、昼夜温差小。在此条件下，在郁闭的林下搭棚种植黑木耳、金针菇、香菇、杏鲍菇等食用菌，或者种植鱼腥草、蕨菜等野菜，市场需求高，市场潜力大，经济收益高，是荫蔽林地开展林下种植的首选模式。同时，食用菌可以产生大量的二氧化碳，二氧化碳又可以增强林下的光合作用，进而促进林木的增长。林菌模式既可以改善生态环境，又可以促进林业的发展。同时，也是利用林木的强大遮阴效果，从而降低了种植的成本，减少了投资；最后还使得农户致富。这种模式主要应用在沂水县、兰陵县、罗庄区、郯城县等县区。截至2023年，全市已发展2.175万亩。

2. 林禽（畜）模式

林禽（畜）模式的适宜条件是：树上有落果，林下有饲草、杂草草籽、昆虫等饲料资源，且造林密度较小，林下空气流通性好、湿度低。在这种条件下的林地内，充分利用林地空间放鸡、鸭、羊、肉牛、奶牛、野兔等禽（畜），林禽养殖模式分布广泛，"林地生产—林下饲草—生态圈养（放养）—畜吃落果、昆虫—粪便归田—促进林木成长—树上产出优质果品、树下产出生态畜禽"立体种养的高效循环林下经济模式，形成"林—草—虫—禽—林"生态循环食物链，从而达到资源、生态、环保、优质、高效的协调统一和林、草、牧的有机结合。禽（畜）类品质得到保证，粪便增肥又有利于林木增长。平邑县保太镇林下养殖科技示范基地发展中幼林抚育400亩、核桃80亩、杏40亩，本地山羊100只、本地鸡10000只，带动附近多户农户承包山林发展林下养殖、进行荒山绿化。林下养畜以猪、羊、狐狸、貂、草鸡为主，生产的草鸡蛋很受广大人民的欢迎。这种模式主要在沂水县、平邑县、兰山区等县区得到广泛的应用，目前全市已发展13.873万亩。

3. 林粮模式

林粮模式的适宜条件是：株行距较大、郁闭度小的林下。在此条件下种植一定的粮食作物，既可以选择矮秆小麦等主粮作物，也可以选择黄豆、豌豆等杂粮作物。林地上可种植花生、大豆等矮秆浅根的农作物，相当于对林地进行中耕除草，在促进林木生长的同时增加了收益，并且不与林木争肥争水，能覆盖地表，防止水土流失，可养地培肥。这种模式主要应用在沂水县河东区和费县等县区，全市已发展14.73万亩。另外，在立地条件稍好的幼林地也大都采用这种发展模式。

4. 林药模式

林药模式主要是充分利用部分中药材耐阴的生长特性，在树荫下种植耐阴的白芍、金银花、板蓝根等中药材，生产技术含量不高，但收入可观。全市已发展0.95万亩，主要分布在沂水县、河东区。

### 5. 林花模式

林花模式下的花卉必须具有耐阴性的生产特性。然后，利用林地空闲的土地资源，根据部分花卉的耐阴特性，发展食用和观赏性花卉等。在郯城县、沂南县和临港经济开发区，这种模式的应用比较多，全市已发展0.56万亩。

### 6. 其他模式

临沂市的各个地区根据当地不同的林地条件，立足于林地实际，转变观念，大胆创新，积极探索出了林蝉模式、林菜模式、林油模式以及林下特种动物养殖等多种林下经济发展模式。这些模式既有效地保护了当地林地资源，又大大提高了农民的经济收益。这些模式主要分布在郯城县、河东区等县区，全市已发展8.402万亩。

## 五、临沂市林业产业化发展的主要模式

### （一）产业化一般模式构建

产业化的一般模式为：立足于市场的需求，以提高经济效益为中心，充分发挥龙头企业的辐射带动作用，运用市场的调节功能，合理配置林业资源，将资源基地和市场有机地结合起来，使林业各产业链之间相互作用相互影响，形成一体化的组织形式。

在这一模式中，龙头企业的带动起着核心作用，在整个产业化的发展过程中起着关键性作用。龙头企业带动是立足于市场和社会需求，在市场机制的自发调节下，与资源生产基地有机结合，带动农户从事专业生产，将生产、加工和销售有机结合，从而带动广大农户共同致富。龙头企业的组建灵活，它可以根据不同的情况构建不同的组织以适应当时经济发展的需要，有的时候可以是加工企业（如板材业加工企业）或集团企业，有的时候可以是流通企业（如林产品交易中心）或其他组织（如中介服务组织）。这样由于龙头企业组织的不同，可形成不同的产业化形式。龙头企业组织与农户利益的链接形式是多样。这一链接的形式是根据当地实际的经济发展水平和市场要求决定的。一方面，龙头企业和农户可以是以契约的方式连接的，其资源基地具有自己的自主经营权，他们可以是分散、独立的经营个体，也可以是联合体；资源基地主要负责向龙头企业传输其所需要的原料。

龙头企业与资源基地的关系也是多种多样的，龙头企业根据各自不同的情况采取不

同的形式。一是龙头企业拥有自己的资源基地。龙头企业根据自身发展需要，自建资源基地，通过一定的管理模式，实现"生产、加工、销售"等一条龙服务的生产经营方式。如板材企业所拥有的资源培育基地、水果加工企业与相应原料林基地等。二是龙头企业通过服务组织或者专业协会的参与，运用合同的方式，建立起与资源基地的有效联结。因此，龙头企业与资源基地关系的不同决定了产业化模式的不同。服务组织是一个独立的经济组织，它承担着林业社会化服务体系的功能，它立足于市场的需求，对市场的发展做出正确的预测，并将这一预测及时反馈给龙头企业，龙头企业据此决定生产规模和生产加工种类，从而提高经济效益，避免林业资源的浪费。

## （二）临沂市林业产业化现有的主要模式

### 1."龙头企业+基地"模式

"龙头企业+基地"模式主要是指龙头企业依据自身实际，以市场为导向，自建资源基地，在自建基地上通过一定的管理模式，开展产加销一体化经营的组织类型。这种模式的优点表现在：①提高了农民组织化程度。②解决了农户生产规模小和大市场的矛盾，提高了农户的经营自主权和市场适应力，更有利于保护农民的利益。

这种模式的缺点体现在：有些企业的生产易脱离市场需求，而提高生产成本。

### 2."龙头企业+基地+农户"模式

"龙头企业+基地+农户"模式主要是以龙头企业充分发挥带动辐射作用，立足于自身实际和市场的需求，自建资源基地，然后再通过基地带动农户一起增产致富。这使得龙头企业、生产基地、农户三者有机结合，形成产加销一体化经营的组织类型。

这种模式的优点有：①立足于市场需求，增强产品的市场竞争力，有利于实现规模化生产。②完善利益联结机制，不断提升林产品的组织化程度，实现互利共赢。这种模式既保证了龙头企业有足量的高质量的林业加工原材料，有利于实现规模化生产，又降低了生产成本，提高了市场竞争力。③为农户解除了销路的担忧，带动了农民用科技致富的积极性，从而带动了林业现代化的发展。

例如，以山东大立华家具有限公司、临沂圣福源木业有限公司、平邑县金牛木业有限公司等龙头企业为主的林木产品深加工企业，充分发挥龙头企业的辐射带动作用，通过"龙头企业+基地+农户"形式，带动原料林基地建设的快速发展，提高了林农的积极性，促进了经济效益的增长。

### 3. "专业协会+龙头企业+农户"模式

"专业协会+龙头企业+农户"模式中各种林业协会起到桥梁枢纽的作用，使得龙头企业和农户有机联系在一起，带动农户开展产加销一体化经营的组织类型。其特点主要有以下几点：一是龙头企业与林业专业协会签订合同，而后林业专业协会再与农户签订合同；二是林业专业协会作为林业产业化经营的重要载体，起着重要的桥梁枢纽作用，一头连龙头企业，一头连广大农户，三者有效地结合起来，就会形成规模比较大的经营团体，从而将林业产业的生产、加工、销售等各个环节有机地结合起来，调动农户的积极性，提高农户的经济效益。林业协会承担着林业社会化服务体系和农产品流通体系的重要职能。

这种模式的优点在于：①企业运作成本降低，它们不直接与农户签订合同，风险相对降低，并且减少企业对农户的控制程度。②该模式使得分工协作的机制得到充分的发挥，打破了以往信息不对称的局面，使得信息沟通渠道变得相当通畅。专业协会根据市场的需求对产品的需求作出正确预测，然后将信息提供给企业并与企业签订合同，企业再根据提供的信息与农户确定所需要产品的种类和数量，从而减少了中间沟通环节，也降低了生产成本。③专业协会还为农户传授科学技术，以便提高农户的个体素质和产品质量，利于有效地开发国内外市场。

这种模式的缺点体现在：①这些专业协会大都比较松散；②利益分配机制不很完善和合理。

### 4. "龙头企业+农户"模式

"龙头企业+农户"模式是在龙头企业的带动作用下，通过合同契约（订单）的利益联结形式将生产、加工、销售有机结合在一起，实施一体化经营的组织类型。

这种模式的优点在于：①农民所经受的市场和管理风险降低。②龙头企业和农户在一定程度上实现了互利共赢的局面，共同承担由于市场影响而出现经营不善等引起的市场和管理风险。在这种体制下，农户只负责种植、看护和管理林产品，而龙头企业则负责生产、资本运营和周转等经营管理工作，从而形成一种新的生产经营形式。这一类型既有利于发挥规模化的生产优势，又有利于提高农户的经济效益，调动农民的积极性，从而促进林业产业化的发展。这种模式成本低，经营比较灵活，公司与农户的联系比较直接和紧密，对农户的资金技术投资比较直接。

这种模式的缺点体现在：①这种新的经营体制受到市场经济的影响较大，农户与龙头企业直接接触,农户自身的组织化程度较低,没有自己的独立团体,农户的收益处于不稳定的状态。②互利共赢的局面更多地倾向于龙头企业,农户的受益程度偏小。企业是经济实体,其最终目标是追求利益最大化,当受到较大的市场波动时,企业会考虑自身利益而使得互利共赢的局面被打破,此时农户的利益会受到影响。

## 六、临沂市林业产业发展存在的问题及制约因素

（一）临沂市林业产业发展存在的问题

1. 对林业产业结构调整的重要性和紧迫性认识不足

一是忽视林业的连带效应,只重视林业产生的直接经济效益,对林木大力砍伐,不注重更新造林,管理不到位,忽视林业给社会带来的强大的社会效益和生态效益。二是对林业工作缺乏必要的积极性和主动性,被动地接受着林业工作的安排,不注重林木的栽植培育,无视水土流失和环境恶化带给我们的后果,致使林业发展停滞不前。三是对林业工作缺乏全面认识,看不到林业的社会属性,缺乏兴办林业的积极性,阻碍了林业的可持续发展。

2. 龙头企业辐射带动能力不强

从龙头企业加工产品来看,多是附加值低的粗加工产品,高科技含量、高附加值的精深加工制品少,知名品牌更少。从龙头企业的规模看,大多数农业龙头企业存在资金不足、规模不够大、机制不完善、科技含量低等问题。

3. 经济效益与生态效益兼顾难,林分质量下降

发展林业的核心是保护林业资源和林业资源的可持续利用,将林业的生态效益与经济效益有机地结合起来。近年来,随着新农村建设步伐的加快,乡村拆迁改造力度增加,加强基础设施建设会占用部分林业用地,破坏很多林木,更新造林不及时,加上林业资源管理不到位,最终会导致林地面积大量消减,林分质量下降,阻碍林业产业化的发展。

4. 重种植轻管理,单位面积产量低,经济效益偏低

经济林发展普遍存在经济效益偏低的现象。造成经济效益偏低的原因主要有四个方面:一是管理不到位。林木栽植不科学,管理不到位,导致林木成活率和成材率较低,

单位面积产量低，造成经济效益偏低。二是林产品不符合市场的需求，不能满足人们的需要，造成林农的收入降低，积极性不高，导致经济效益偏低。三是产品缺乏市场竞争力。林产品的科技含量不高，加工利用水平低，科技转化率较低，缺乏规模化生产和一体化经营，导致产品附加值低。四是统计不科学不全面。林业部门在经济林发展中的作用主要体现在经济林发展的规划、技术指导和管理。并没有产生直接的经济产值效益。而林业资源所体现的强大的社会和生态效益（如林木生长量的价值、水源涵养价值、净化空气价值、保持水土减少土壤有机质流失价值等）都不如它带来的经济效益更直接、更明显，没有被统计为林业产值的效益。这也是林业部门长期以来产值较低的主要原因之一。

5. 盲目发展，缺乏科学合理的规划设计

林业产业化发展是一个综合工程。产业化发展要以市场为导向，遵循林木自身成长特性和自然成长规律，结合当地的实际条件，有重点有层次地科学规划林木品种和林木的种植面积和区域。但现实中，产业化发展出现盲目种植，缺乏科学合理规划设计的现象，严重挫伤了林农的积极性。由于部分农民缺少市场观念，不能对市场的需求做出正确的预测，不能有效地帮助农民规划发展经济林，在林业的发展中处于被动的地位，生产的林产品不符合市场的需求，造成了林业资源的浪费，损害了林农的利益，失去了林农的支持，造成了经济林发展的品种分散，单位产量较低，产品质量不高，缺乏市场竞争力，经济效益偏低。

## （二）影响林业产业化发展的制约因素

1. 资源因素和资金因素

（1）资源因素

我国的森林资源仍不富足，仍然是生态脆弱的国家，全球森林覆盖率的平均水平是31%，而我国的森林覆盖率水平远远低于这个平均数，与世界林业发达国家的差距更大，人均森林面积仅为世界人均水平的1/4，人均森林蓄积量只有世界人均水平的1/7，森林资源总量相对不足、质量不高、分布不均的状况仍未得到根本改变，林业发展还面临着巨大的压力和挑战。临沂市位于山东省南部，属暖温带半湿润大陆性气候区，土壤以棕壤、褐土、潮土为主，占92.1%。辖3区9县，总土地面积为17148平方千米，占全省面积的1/9。全市有林地面积为39.33万公顷，森林覆盖率为27.9%，林业年产值为106.5

亿元，临沂市森林资源的地理分布也非常不平衡，临沂市山区面积占72.1%，发达的林业在县域经济特别是区域农村经济发展中，处于重要乃至支柱地位。临沂市各个县区的林业分布并不均衡，临沂市的地貌类型多样，自然旅游资源相当丰富，沂水县、蒙阴县、平邑县、临沭县、沂南县等都有各自不同特色的旅游景点。

（2）资金因素

林业产业化的发展离不开资金的支持，资金的注入量对林产品的产出规模、林业经济效益的发挥有着重要的影响。但是，由于林业产业化的发展需要一个较长的过程，林业投资的周期变得相对较长，风险性也相应增高，效益不乐观。因此，从投资的规模、比例与效率上看，虽然目前临沂市的林业投资在绝对数上有所增加，但是投资的比重不是很合理，这就导致临沂市在林业投资和融资方面对林业产业化总体规模的发展有了很大的制约性，进一步影响了林业产业化总体水平的提升。

2．林业管理的体制因素

我国目前的林业管理体制严重制约着林业产业化的发展，导致了临沂市林业资源未能得到有效的配置，林业经济效益低下，具体表现在以下几个方面：

（1）林业产业化法律制度不健全

临沂市林业经济成分分为国有林和集体林，也包括一部分私有林，许多地方对林业产权进行改革，但成效不很明显。目前临沂市林业产权不明确，在国有林和集体林的所有权归国家所有的基础上，仅通过承包或租赁等形式，将林地的经营权和使用权让渡，实行的"国家所有、分级管理、多级占有"的林业产权管理模式。这种产权管理模式没有完全建立起林业经营者的产权主体地位，而且产权的客体没有明确的科学界定，不受法律的支持。

林业资源产权界定不明确，现有的产权经营管理体制不符合市场发展需求，造成了资源的严重破坏和浪费，最终导致了林业经济效益的低下。

（2）林业主管部门职能混乱

目前我国的法律法规对林业主管部门的主要职责职能权限规定不明确，林业主要管理部门的职能混乱，林业管理部门甚至自身脱离宏观的调控职能和监督职能，而让自身转入具体的林业造林工作中成为林业经营者和管理者，致使林业市场在市场经济中配置资源的功能还不强。各级政府、企业机构和个人无法得到林业主管部门提供的相应的服务，从而造成了林业工作有关部门的资源浪费。这种资源的浪费使得临沂市的林业管理脱离市场经济的轨道，由于一种经济行为变成政府行为，故难以适应社会主义市场经济的发展规律和要求。

（3）林业管理机制不合理

随着市场经济的发展，我国的林业管理机制应该适应市场经济的发展要求，使林业管理机制成为林业管理体制的核心部分，让市场在林业资源配置中起决定性的作用。

但是目前我国的林业管理机制却以权利机制为主，违背了市场经济法则，难以适应市场经济的发展需要。当前我国应建立合理高效的林业机制，激发林业建设的多元化发展；应充分调动各个林业主体的积极性，让他们积极参与我国的林业现代化建设。而目前我国农户是最基本的林业产权组织单位，由于政府的管理机制不合理，农户只顾盲目追求眼前的经济利益，而无暇顾及农区林业的社会公益性目标。这就使得林业的社会效益难以发挥，更无法达到经济目标与社会目标的统一。

### 3. 林业产业化经营主体的素质因素

林业企业是临沂市林业产业化经营组织的主体，目前部分林业企业思想保守，缺乏创新意识，仍沿用传统的经营模式，加上企业的林业人员科技素质较低，不能全面认识到高新科技在林业发展中的重要作用，致使林业企业技术创新能力弱，新技术、新设备的推广和应用程度较低，林产品的科技含量和市场竞争力偏低。目前，临沂市林业企业中存在着技术和设备落后、技术创新能力低、科技储备不足等问题，实际生产受到很大的制约。对于林业企业规模小，经营模式陈旧等问题，临沂市政府应采取一定的措施积极引导林业企业提高科技水平，增加林产品的科技含量。虽然林业企业在科技发展方面取得了一定的进步，但整体素质仍比较差，具有强竞争力的大型名牌企业依然较少。目前，临沂市大多数的林业企业还没有从根本上打破传统的经营模式，不能准确地掌握市场发展趋势，盲目进行生产，林产品的科技含量较低，缺乏市场竞争力，从而阻碍林业企业的可持续发展。

### 4. 林业科技因素

科学技术是第一生产力，科学技术对我国的经济、政治以及文化都产生了极为深刻的影响。科学技术的迅速发展对林业来说既是发展的机遇，又是前所未有的挑战。科学技术水平的提高有利于从根本上形成科学技术成果转化的体制和机制。随着我国现代经济的迅速发展，产业经济和增长方式越来越多地依赖于科学技术总体水平的提高。科学技术在现代林业发展中的作用也越来越重要，已然成为林业产业化发展的强大支撑，将为林业生产专业化水平和产业组织效率的提高提供强大的推动力，也是推动林业产业化进步的基本保障，林业产业化的根本出路就在于科技进步。目前我国林业的科学技术整体水平落后，对林业产业化形成了严重制约。

林业产业科技含量低，直接影响林产品的科技含金量，使得林产品的市场竞争力差，基本上不能适应日益发展的市场经济的要求。科技在林产品中的占有率低，使得深加工、精加工产品较少，致使产品的市场竞争力下降。这种问题存在的原因在于：

第一，没有把好种子、苗木来源这一关。种子、苗木来源渠道不规范，在经济林树种选择上，违背市场和林木的自然成长规律，无视"适地适种适法"的原则，造成林木的成活率和成材率很低，单位面积产量不高，产品价值较低。在品种选择上林农的目光短浅，无视市场的需求，盲目选种，自发育种，忽视"名、优、特、新"等优良品种的选育与引种，导致林产品产量低、质量不高、销售渠道狭窄，严重挫伤了林农的积极性，损害了林农的经济利益。

第二，苗木缺乏检验，科技成分低。实际工作中，由于盲目和自发地引种栽植，林农缺乏先进的栽培技术，管理不到位，加之责任不明确，致使林业的经济效益偏低。

第三，工业原料林基地建设滞后，原材料供应紧张。目前，临沂市用于林纸、林板加工的原材料供应较为紧张，其原因一是木材加工企业发展较快，原材料需求急剧增长；二是企业没有认识到建立原料林基地的重要性，缺乏自建自用的原料林基地，不能缓解原材料供应紧张带来的压力；三是全市的林业资源处于"亚丰富"水平，还没有达到真正富足的程度；四是原木外销对林产企业原料供应产生一定的竞争压力。

第四，果品贮存加工能力弱，产业化潜力需进一步挖掘。

## 七、临沂市林业产业化发展思路和改进措施

### （一）临沂市林业产业化发展思路

#### 1. 确定林业产业化的发展目标

近年来，临沂市委、市政府高度重视林业产业发展，依托临沂市的森林资源和区域优势，依靠科学技术，努力改造生态环境，确定林业产业发展方向。为此，临沂市委、市政府先后制定了《关于加快全市林业跨越式发展的决定》《临沂市木业产业调整振兴

规划》等战略性文件，明确林业产业发展的思路、目标和重点。临沂市坚持产业兴林战略，充分发挥中介组织和龙头企业的导向作用，实现规模化生产、一体化经营、社会化服务、企业化管理、形成产供销一条龙的生产经营形式，走出了一条生态建设与产业发展良性互动，生态、社会和经济效益协调发展的新型林业产业化之路。临沂市已逐步形成了以优质林产品基地为依托，以林业品牌创建为引领，以龙头企业为骨干，资源培育、加工、利用、营销相衔接，特色鲜明、优势突出、效益显著的林业产业体系。

## 2. 明晰临沂市林业产业化的发展思路

立足于市场需求，在科学发展观的指导下，以建设比较发达的产业体系和生态文明环境为目标，以调整林业产业结构和优化产业组织为主线，以提高经济效益为根本出发点，以科学技术为支撑，发展特色经济，大力培育发展一批辐射带动作用强的龙头企业。为加快林业龙头企业发展，不断增强辐射带动能力，积极发展非公有制林业产业，带动和促进林业产业化结构调整，促进林业增效、农民增收和林产品竞争力增强。培植壮大一批与龙头企业配套的主导产业和规模化林产品生产基地。着眼国内外的市场需求、依托资源优势，加快林产品原料的生产和生产基地的开发建设。健全体制，完善龙头企业与基地和农户的利益联结机制，加快林业产业化发展，有利于促进社会主义市场经济的建设。

## 3. 遵循临沂市林业产业化的发展原则

（1）林业产业化发展应遵循林区可持续发展的原则

林业可持续发展是整个国民经济可持续发展的一部分，它是在符合国民经济可持续发展要求的前提下，实现林区社会、经济、生态、资源、环境的可持续发展。

可持续发展作为一种新的科学的发展观，已经深入到社会发展的各个领域。林业可持续发展是一个涉及社会、经济、技术、资源、生态环境等的综合系统工程。在这一系统中，森林资源的可持续利用和良好的生态环境建设是基础，林区经济的可持续发展是前提，谋求林区社会的全面进步是目的。森林资源和林业发展的重要性和目前的严峻状况，要求我们将可持续发展的理念深入到林业建设的制度、政策、法律等各个层面，构建一套全新的可持续发展的政策法律体系，从而实现对森林资源的保护和林业的可持续发展。

调整优化林业经济结构，促进林业产业的发展，是实现林业可持续发展的物质保证。林业可持续发展不是一个静止的概念，它是动态的、持续不断的发展过程，是根据社会经济发展的要求，不断地进行林业经济结构调整，不断地进行内外部改革，时时适应经济发展要求，从而不断地使林业在不断提升的层次上进行发展。

林业可持续发展也是一个追求公平的概念。所谓公平是指不同国家、不同代际之间，或有不同发展机会和基础差别的人享有平等的发展权利。林业可持续发展所追求的公平包括三个层次的内容：时间的公平（时间维）、空间的公平（空间维）和活动的公平（活动维）。

因此，林业可持续发展观是以社会、经济、生态、资源发展为核心，以时间、空间、活动所形成的三维复合系统为动态运行轨迹的可持续发展。

（2）林业产业化发展应坚持因地制宜的原则

林业发展受到地形、气候等自然条件的影响比较大，因此我们应该注意利用当地优势的自然条件，坚持因地制宜，依照林业生产特性，遵循林木自然生长规律，合理制定林业产业发展规划。我们要充分依托临沂市地理和资源优势，按照"规模发展、专业生产，遵循规律、适地适树"的原则，在发展布局上，在林产品主产区和主销区，有重点、有层次地发展蜜桃、核桃、花椒、樱桃、苗木、花卉、果品加工、板材加工、林下经济和生态休闲旅游等十大主导产业，不断优化产业结构，提升产业规模，促进当地经济发展。同时，要重点适时改造低产林，确保造林成活率，及时更新品种，建成速生丰产林，提高经济效益，同时要注意防止病虫害，保护好未成林。在产业开发上，要依托临沂市优势的森林资源、依靠科学技术，促进林产品的深加工，加快推进林业产业发展方式转型和结构升级。

（3）坚持服务"三农"原则

发展林业产业是可持续发展的一项重要内容，林业的绝大部分资源分布在农村山区，发展林业产业要以提高经济效益、促进林农增产增收、带动林农发展致富为根本目的，积极推动农村向城镇化和现代化建设转化，促进城乡经济社会发展一体化格局的形成，同时这也有利于林业资源的自我发展和自我保护。因此，林业产业化的发展要扎根于农村发展，着眼于农民增收，推动社会主义现代化农村的建设。

（二）临沂市林业产业化发展的改进措施

1. 提高认识，加强领导

林业产业化发展在我国国民经济中占有很重要的地位，因此必须从思想上将其放到整个国民经济和社会发展的大局中来看待。林业产业化的发展有利于促进我国国民经济的发展，有利于促进我国社会主义市场经济的建设，有利于促进农民增产增收，也有利于林业资源的合理有效配置，提高林业经济效益，有利于促进林业增长方式和向现代化林业的根本性的转变。发展林业产业化，必须提高认识，加强领导。主要做到以下三个方面：

（1）强化政府服务职能，进一步引导林业产业健康、快速发展。一是成立区、县、乡三级林业产业化建设领导小组，由政府主要领导任组长，分管领导任副组长，林业、经贸、水利、公路、旅游、畜牧、蔬菜及其他相关部门为成员单位，进一步加大对林业产业化发展的宏观领导力度。二是继续研究制定和不断完善发展林产企业的优惠政策，特别是在资金、用地、用电、税收及运输等方面，应给予大力的扶持和政策倾斜。三是建立和完善林业产业协会组织，为林业产业化发展提供多方位的协调服务。例如，成立临沂市林业产业协会，是一个促进林业产业共同发展，进而推动全县整个林业产业健康、稳定、快速发展的成功工作思路。四是积极推广成功典型的先进经验，积极出台以下措施：培植100户大型木材深加工企业，在政策、资金、管理等方面予以扶持；加强区县镇工业园区建设，完善园区功能；挖掘民间财力，加大招商引资力度，充分利用外资，搞好资金运营，更好地发挥金融机构的作用；加强对民营企业的管理，培植税源，规范税费征收，实现既富民又强镇的理念。

（2）政府还应加大宣传力度。林业产业化具有较强的经济效益和社会效益，它的发展既能带动经济的增长，又能为全民的健康生活提供优美的生态环境，因此政府应加大宣传力度，加强全民对林业产业化全方位的认识和把握，把促进林业产业化的发展作为一项重要工作列入各级政府的议事日程。

（3）认真学习和大力推广外省市在林业产业化发展上的成功经验，如临沂市在发展产业化上的某些做法很值得学习和借鉴：其通过大手笔规划建设园区为经济发展筑巢引凤，抓大项目建设为经济发展提供强有力支撑，大力发展以现代物流业为代表的第三产业拉动经济发展等。

2. 建立适应林业产业化发展的市场体系和流通体系

完善有效的林业市场体系能促进林业产业化的发展。完善的市场体系需要遵循经济价值规律，充分发挥市场对资源的调节作用，让市场在资源配置中起决定性的作用。完善的市场体系包括完善的资源市场、资金市场、劳动力市场、技术市场等。

（1）市场体系的建设

一是明确林地产权关系和林地权属。各级政府和各个林业企业要明确权属关系与职责，形成政府领导，林业企业积极参与的林业产业化发展格局。二是加强法治建设，制定并完善林地流转的法律法规，加强对林产品市场的管理，放开放活林产品的加工、经营，加快林产品初级市场建设，加快林产品的交换和流通。三是在林业主导产区和自然形成的集散地，以高标准、高起点建立开放度大、辐射面广、吞吐能力强的批发市场。四是充分挖掘国内市场，并积极开拓国际市场。林业产业化的发展是我国社会主义市场经济建设的主要组成部分。因此，必须在充分挖掘国内市场的基础上积极利用外资，开拓国际市场。通过举办林业重点综合展会，为全国林产品和林业高新技术的集中展示搭建平台，助推林业产业发展。在林业展会等带动下，继续壮大林业产业规模，培育富民产业，提高林地综合利用率和产出率，促进林产工业、木本粮油和特色经济林产业、森林旅游产业、林产化工产业、苗木花卉等产业的发展，进而促进农民在较短时间内增收致富。

（2）流通组织体系的建设

目前我国的林产品流通市场，由于流通交易费用过高导致流通成本的过高，因此要建立和完善林产品流通市场。第一，要降低流通交易成本，打造林产品品牌，提高林产品含金量，降低林产品的生产成本，提高林产品的市场竞争力。第二，要开拓林产品营销渠道，扩大林产品的国内市场，加快完善林产品批发和零售市场体系，合理布局、加快建设一批新型林产品批发市场，引导各类投资主体投资建设、改造林产品批发市场和零售网点，建设一批非营利性农产品批发、零售市场。例如，在临沂市罗庄区建设、改造具有较强辐射功能的产地型批发市场；在各县城建设、改造具有较强集散功能的营销型批发市场。第三，要大力拓宽林产品流通渠道，撤销部分多重中介主体。商品的价格虽由商品价值决定，但也受流通领域的影响。多重中介主体的存在导致商品的流通渠道拥堵，从而致使商品价格远远高出，严重损害了消费者的利益。因此，要想建立和完善林产品流通市场，必须加强流通渠道的管理，维护林业企业和消费这两个利益端的权益，实现林业产业化经营的健康发展。因此，政府应制定统一的林业中介组织发展规划，积极引导林业中介组织的市场发展规模，积极培育发展乡村林产品流通中介组织，充分发挥农民的积极性，鼓励并支持他们进入林产品的流通。第四，要加强市场法律制度建设，使林产品的生产、经营、销售等在各个领域都有好的市场经营环境。

### 3. 建立健全相应的林业产业政策

林业产业化发展是一个综合工程，该发展涉及的范围广、层面多、结构复杂，既包括第一、第二、第三产业间的纵向联系，也包括各产业间的横向联合。另外，我国正处于经济转轨时期，目前我国的市场机制和现有的林业产业化还不完善，还不能完全适应社会主义现代化市场经济的发展要求。因此，林业产业化的发展在遵循价值规律的基础上，不仅要充分发挥市场的自动调控功能，还需大力发挥政府的宏观调控和外部监督功能，需要政府制定相应的林业产业政策来进行积极引导和正确扶持，逐步解决林业产业化进程中的主要问题，为推进林业产业的一体化经营创造一个良好的经济环境。

### 4. 完善林业产业化法律制度

（1）建立明晰的林业产权体系，加快林权制度改革。林权问题是影响林业发展的关键性问题之一，关系到林业产业的顺利开展。在现代市场经济条件下，林业要加快发展步伐，应该明晰产权制度，引入充满活力的市场机制，充分调动林业生产者和经营者的积极性，在保障林业所有权不变的情况下，改变林业经营权和使用权。加快林权制度改革。首先，要明确林权制度的主要任务，明晰产权，放活经营权，保障收益权等，改革林木采伐管理体制。在稳定所有权，放活经营权，完善承包权的前提下，充分保护经营者依法享有相应的林产品处置权和收益权，彻底打破所有制界限，为非公有制林业的发展创造公平竞争的环境，积极鼓励非公有制企业参与林业现代化的建设，促使非公有制林业成为我国林业现代化建设的一个重要的组成部分。其次，大力推进林业投融资改革，拓宽林业融资渠道，鼓励银行在资金和信贷方面给予林业大力支持。最后，改革林业社会化服务体系，积极培育林业专业合作化企业，发挥林业企业龙头作用，培养一批具有现代科技水平的林业工作人员，尊重农民的市场主体地位，发挥农民的积极性，扩大林业规模，促进林业现代化发展。

（2）要保障林业资源产权人的权利。林业资源享有的权利一是所有权，一是使用权。首先，要保证农民享有平等的土地承包权利，任何组织和个人不得随意剥夺这种权利。其次，保护承包方的权利。承包方的权利属于使用权，要确保承包方在自己所承包的范围内自主组织生产和经营活动，对所生产的产品具有独立的自由的处置权利。另外，承包方还应有承包经营权流转的权利等，这些权利应当受到法律的保护，一旦受到侵害，就要坚决追究侵害人的相应责任。因此，要充分尊重农民的市场主体地位，从各个方面确保农民的林业资源产权人的权利，发挥农民的积极性，扩大林业规模，提高林业效益，促进林业产业化的发展。

5. 完善市场体系，建立公正合理的利益分配机制

林业产业是以市场为导向、经济效益为中心的利益共同体。林业产业化发展要立足市场需求，通过价值规律的作用，在市场的调节下，让各种林业资源得到合理有效的配置，从而实现林产品的效益最大最优化。因此，要推动林业产业化发展，必须完善市场体系，完善林产品及生产要素市场，形成以市场价格为主导的利益分配机制，让市场在资源配置中起决定性作用，推进林业产业化快速发展。

## 第二节 黑龙江省林业发展实践

### 一、黑龙江省林业发展概况与现状分析

（一）黑龙江省林业发展概况

据统计，黑龙江省林地面积为2162万公顷，占全国林地总面积的7.6%，居全国第4位。其中，森林面积为2100万公顷，占全国森林面积的10.6%，居全国第2位。森林覆盖率达到44.66%。森林蓄积量为20.99亿立方米。

其中，黑龙江省国有林区的林地面积为823.05万平方千米，占全国国有林区的30.21%；森林面积为851.02万平方千米；活立木总蓄积量为7.1203亿立方米，占全国国有林区的26.8%；森林覆盖率为79.23%；在现有森林资源中，天然林所占比例高达97.35%。

黑龙江省人均森林占有率较高，人均占有森林面积约为0.53公顷，人均占有蓄积量约为39.5立方米；而我国人均占有森林面积仅约为0.128公顷，人均占有蓄积仅约为9.048立方米；世界人均占有森林面积为0.6公顷，人均占有蓄积量为72立方米。

黑龙江省分为3个植物区以及3个亚区。即大兴安岭植物区、小兴安岭—老爷岭植物

区和松嫩平原植物区。其中，小兴安岭—老爷岭植物区又被具体分为老爷岭亚区、穆棱—三江平原亚区以及小兴安岭—张广财岭亚区。省内植物资源的种类繁多，森林树种有百余种，高等植物有2000余种。

## （二）黑龙江省林业产业的发展现状分析

黑龙江省森工林区是我国最大的国有用材林基地，为国家的经济建设提供了大量的木材和林产品。改革开放后，黑龙江省国有林区产业结构已初步形成了集资源培育、加工、林木生产与非林非木生产并存的多种资源开发利用格局。同时，黑龙江省地方林业发展步伐不断加快，具备了较强的培育、保护、经营、开发和利用森林资源的能力。

根据现行的林业产业统计标准，黑龙江省林业产业种类可以分为三类：包括农业以及林产品初级生产和营林生产的第一产业；包括木材采运业、电力、木材加工业和林产化学工业、制造业、建筑业等在内的第二产业；包括房地产业、交通运输业、批发零售贸易及餐饮业、社会服务业、仓储及邮电通信等在内的第三产业。

黑龙江省的林业发展门类齐全，为国家提供了大量的商品材、林副产品和工业原料。黑龙江省现已发展到870余处林产工业加工厂，形成了养、加、种、掘、采、工、建、商、研、运等十几个行业，创造了人造板、木制品、锯材、木炭、家具、板方材等6大类、33个系列200多个既有地方又有国家的名、优、新、特品种，林产品的多种经营现已发展到3300多个项目。林业已成为黑龙江省林区经济的一项重要支柱产业。

经过多年的发展，黑龙江省已呈现出由传统林业向现代林业转变的鲜明特征，林业产业发展势头良好，主要呈现出如下特点：

### 1.林业产业市场体制逐步建立

黑龙江森工系统共有64个国有林业企业，其中包括40个林业局、17个木材加工企业和其他生产经营企业，它们成为黑龙江省国有林区林业生产的基层组织单位。此外，黑龙江省还有很多以多种经营生产和集体经济形式从事各种生产与经营活动的小型林产品生产企业。

经济实体进行市场化运作的最基本、最重要的条件之一就是要有明确的产权制度，也就是说该经济实体之中应该存在明确的产权关系，产权关系是否明晰直接影响到市场主体的合作、分工以及利益分配问题。黑龙江省的集体林权制度改革在部分市、县已经做了试点，取得了初步的成效，现正在全省稳步推进。集体林权制度改革能够适应市场化生产的要求,并且可以调动广大林农的生产积极性,顺应广大林农的意愿,这促进了黑龙江省林业产业市场体制的逐步建立。

黑龙江省林业产业市场体制已基本确立,实现了林业市场主体的回归,为林业发展注入了强劲的活力,是符合黑龙江省省情与实际的重大创举,可使林业生产适应市场经济环境,促进林业生产要素的有效运行以及产业链和产业体系的不断延伸和完善,是加快林业发展、振兴林区经济、富裕广大林农的根本途径。随着林业产业市场体制的确立和逐步完善,黑龙江省的林业产业发展将逐步走上市场化运作的轨道,这必将有力地促进林业产业市场机制的不断优化和完善。

### 2. 林业产业体系趋于完备

近年来,黑龙江省各地、市、县充分利用当地社会经济条件和自然资源优势,大力推进特色林业产业发展,林业资源基地发展迅速,已建成优质果品、杨树速生丰产林和花卉等资源基地,主要包括杨树、苗木、蚕桑、泡桐、柳条、果品、中药材、花卉等八大生产基地。同时,基本形成了集木竹加工、家具制造、制浆造纸、森林食品、人造板生产、林产化工、种苗花卉、生物制药、森林旅游等多种门类的产业体系,形成了若干极具区域特色的林业产业集群和产业带。

黑龙江省国有林区的一些林业局的生产效率呈现逐渐增加的态势。例如,清河、友好、汤旺河等林业局,正在加大林业产业化的集聚化发展,发展和壮大优势产业;伊春的双丰林业局积极发展特色养殖业;双鸭山林业局白瓜子特色产业发展迅猛;绥阳林业局积极发展地栽黑木耳等,由传统的单纯木材采伐业逐渐向特色和新兴产业转型,为黑龙江省国有林区这些林业局的发展带来了较好的规模效应。

此外,在基地建设和产业体系建设的基础上,黑龙江省大胆创新,大力发展林牧结合、林药间作、林粮间作、林花间作以及林草间作等多种模式的复合林业,形成了资源基地与加工基地相适应,传统产业、新兴产业与特色产业相协调的产业发展体系特色,产业体系逐渐趋于完备,在解决黑龙江省的林业生态安全和农业粮食安全问题方面具有重要的意义。

### 3. 林业产业结构调整效果显著

黑龙江省林业产业结构调整的关键在于充分发挥省内的绝对自然和生态优势,以绿色为特色,以绿色开拓市场,创建龙头企业,改变林业生产粗放型的增长方式,提高林业产业经营水平,加快产业结构优化的步伐。林业产业结构的调整与优化是解决当前新形势下林业中现有问题的重要途径。

近年来，黑龙江省大力推进林业产业结构调整战略，调出了林业新天地，全省各单位坚持以市场为导向，以发展质量效益型林业产业为核心，采取多种有力措施，大力推进林业经济结构的战略性调整，初步构建了以林产品精深加工为主导，以木材加工业生产为中轴，以优质高效的副业生产为基础的林业经济发展的新格局。

随着林业产业结构的调整和优化，黑龙江省林业为适应新阶段林业及农村经济的发展变化，充分发挥市场配置的导向作用，实现增长方式的根本转变，林业的经营方式发生了深刻的变革，林业产业发展逐步向森林资源深度和广度开发，经营领域不断拓宽，林业的质量和效益不断提高，林业开发层次日趋深化、增长质量稳步提高，出现了产业关联高度化和产业体系完整化的新趋势，极大地推动了黑龙江省林业产业经济的持续、快速、健康、协调发展。

4. 林业科技支撑能力增强

科技技术进步是加快林业发展最根本的保障。近年来，黑龙江省林业和草原局、科技厅等相关主管部门为提高林业产业的科技含量，在科技研发方面作出了很多努力，开展了产业发展所需的相关技术的攻关研究。其主要包括优良品种选育繁殖、林业生物质能源低成本规模化开发利用、重点森林定向培育与可持续经营、森林病虫害防治、速生丰产栽培技术及模式、产品精深加工、基地建设、树种专业肥料配制、现代化林业装备等。

通过科技手段的利用，黑龙江省的林产品加工业初具规模，主要包括木片加工、木制品制造、柳条工艺品、人造板制造、家具制造业以及纸制品业等产品类型，现已形成了多家龙头企业。目前，各级主管部门还在不断加大科技的研发与投入力度，进一步加强林木良种、药材、食用菌等非木质森林资源利用技术、森林保护技术、林木良种快繁技术和特色经济林无公害及其有机栽培技术的推广，在一定程度上解决了以往的林产品供给不足和林业效益不高等问题。黑龙江省林业科技的支撑能力明显增强。

## 二、黑龙江省林业发展存在的问题

纵观多年来黑龙江省林业产业的发展，已经取得了一些较为显著的成绩，全省实现了森林面积和蓄积量双增长，林业产值明显增长，林业产业建设呈现出蓬勃发展的良好势头。但是，我们也要认识到目前黑龙江省林业产业的发展是不平衡的，在实践中还存在一些问题，影响了黑龙江省林业产业向更好、更高、更深层次发展。

## （一）林业产权不明晰

将林业的资源优势转化为产业优势的根本出路在于解决林业体制问题。目前，黑龙江省现有的林业资源的产权关系不稳定、不规范，导致林业产业的市场主体缺失、产权归属不明确，严重制约了其林业产业的规模化、产业化、市场化发展以及林业产业链和产业体系的进一步深化升级。在林业产业发展过程中，林业管理体制、林业运行和投入机制不能适应市场经济发展的要求，政府的相关主管部门、企业和林农在市场上的主体地位也不突出，使得林权制度改革存在深层次的矛盾，改革结果不到位。例如，在进行经济林和公益林的划分与管理工作中，由于产权不明晰，国家和地方政府每年投入林业发展的资金难以实现公平性，主观随意性较强，并且缺乏有效的激励、扶持政策和规范的制度约束和科学的管理办法，林业企业和林农很难摆脱经济利益的驱使，导致经营主体缺位、林业部门无钱造林、集体林产权不清，以致林业产业发展缺乏动力，在一定程度上影响了广大林农发展林业生产的积极性，不能真正调动起社会各界植树造林的积极性，导致黑龙江省各地的林业用地锐减，甚至在某些区域根本没有考虑林业用地，这严重影响了林业资源的培育和林业产业的持续健康发展。因此，只有理顺林业产权关系，才能真正实现林业市场产权主体的回归，改变以往的经营权、收益权、处置权、山林权等"四权"不落实以及林业产业"大资源、小产业、低效益"的局面，解决制约黑龙江省林业产业大发展的体制性和机制性问题，不断延伸和完善黑龙江省林业产业链，使林业产业成为国民经济发展的重要支撑力量。

## （二）产业结构不够合理

近年来，黑龙江省林区在不断追求林业经济效益的过程中，往往过度地砍伐树木，而不注重对林木资源的培育和种植，某些林区已经出现了无林可伐的现象，使得林业产业结构不够合理，许多珍贵的林木树种大量减少。2014年，黑龙江省林业管理部门决定全面停止对林木资源的采伐。

林业第一产业主要指林木资源培育和种植以及竹木采运业，第二产业主要指木材加工业，第三产业主要指森林旅游业等副业。目前，黑龙江省林业产业结构不合理表现为：

第一，林业三个产业之间没有有机结合。目前，黑龙江省的林业第二产业发展还不是很完善，林产品加工的生产工艺和机器设备落后、产业链条之间没有横向联合、加工转化率低，产业结构及布局不合理，不能真正将资源优势转化为经济优势和商品优势。

第二，林业产业间发展不平衡。具体体现为第一产业的比重较大，而第二和第三产业的比重相对较小、发展相对滞后，第三产业缺乏健全的服务体系，这严重影响林业产业先进技术推广应用和林业产业关联度的提高。

第三，从生产经营体制看，林产加工业与营林业分离脱节。目前，黑龙江省的林产加工业与营林业二者之间缺乏内在的联系，一些小企业的生产设备和关键技术落后，缺乏林产品出口的严格标准，使得林产品加工的重复建设较多，资源浪费严重，并且污染环境。

此外，在林业第二产业内部也存在结构不合理的问题。黑龙江省林业第二产业多进行如细木工板、旋切单板、胶合板等科技含量低、市场竞争力弱的木材初级加工，而对于高档环保建筑模板、高密度纤维板、木雕工艺品等附加值较高的市场前景好的产品生产较少，依赖进口较多。同时，缺乏相关的品牌认证体系，难以进入国际市场，只能依靠其他地区加工企业所具有的品牌优势贴牌销售。这严重影响企业进行林业生产活动的积极性，并减少了林业企业的经济效益。

## （三）产业科技创新能力不足

黑龙江省林业产业的科学技术创新周期一般都较长，并且创新存在较大的风险性，使得各林业产业生产部门或者林业企业的科学技术创新积极性不高，技术创新效果不是很明显，林业科技创新成果转化率偏低。黑龙江省林业产业科技创新能力不足具体表现在以下四个方面：

第一，林业产业的科技含量较低，使得林产品的质量以及结构受到严重影响。目前，黑龙江省多数林业企业仅生产林业初级产品，而经过精深加工的林产品还相对较少，林业产业科技进步贡献率偏低。

第二，林业产业科技成果转化率偏低，使得林产品的生产成本偏高。现阶段，虽然黑龙江省的林业产业科研水平较以前有所改善和提高，但是能够真正应用于林业产业发展实践的、能够转化为现实生产力的林业产业成果还较少。

第三，林业产业技术改造的步伐较迟缓。目前，黑龙江省林业产业某些生产领域的林产品生产技术远远落后于发达国家。

第四，缺乏懂得高新技术的林业专业人才。由于黑龙江省林区的气候条件、经济发展水平以及地理位置等因素，导致黑龙江省林业产业在引进优秀高科技人才方面面临很大的困难，而林业专业人才的缺乏将会严重影响黑龙江省林业产业的有序良性发展。

### （四）政策扶持不到位

目前，黑龙江省林业产业发展的政策调整滞后，国家和省政府出台的一些扶持林业发展的政策主要集中在管理层面上，而且条框较多、组织协调力度不够、用于发展的措施和方法较少，林业产业的发展目前还处在自发、松散和盲目状态，扶持服务不到位，林业产业采伐指标限制严格，使得林业企业所需负担的各种成本费用过高，难以完全满足林业经济发展需要，严重挫伤了林农发展林业、进行林产品生产的积极性。当前，黑龙江省对林业经济发展的投资主要集中在育林方面，而对林产品加工业投入较少，造成了投资渠道狭窄、融资困难的局面，有些市县每年的加工生产流动资金大约需要2亿元，而当地金融机构只能解决一小部分，其余的资金只能靠企业和林农进行民间借贷，既增加生产成本，同时也制约了企业的进一步发展。

此外，黑龙江省的森林生态补偿政策也不是很到位，关于森林生态补偿工作的规章制度、保障体系也只是初步建立，该政策还没有完全深入人心。同时，面临补偿经费筹集渠道比较单一的问题，主要表现在补偿经费没有体现"谁受益、谁补偿，谁破坏、谁治理"的原则，不具有强制性和稳定性，难以实现长期的森林生态保护的目的，严重阻碍了黑龙江省林业产业健康、快速、协调发展的步伐。

### （五）林业劳动力整体素质偏低

林业劳动力的素质是决定林业产业发展的重要推动力量。黑龙江省的经济社会发展水平还不是很高，接受新事物的能力较弱、市场竞争意识不强，缺少吸引优秀人才的优势和条件，导致黑龙江省林业企业的整体经济效益普遍不高，许多优秀人才，特别是硕士及以上学历的人才不愿进入省内的林业企业，使得现有的林业企业存在行政人员较多、专业技术人员较少以及年长者多、年轻人少的现象，整个林业产业人才队伍呈现出一种不合理的状态，特别是一些国有林场还出现了严重的人才流失。

目前，黑龙江省的林业产业多为劳动密集型产业，在企业内部缺少高水平的现代管理人员和技术人员，而在政府部门也缺少高素质的从事林业产业管理的专门人员。究其原因，主要有三个方面：第一，省内大部分的木材加工企业多为家族式管理，该种管理模式的用人机制落后，缺乏严格的组织机构，并且缺少具有高素质的管理人才进入企业的核心管理层；第二，省内的林业企业不少是由个体经营者创建的，他们的文化素质很低，缺乏对现代企业以及人才和技术的认识和管理意识；第三，省内的中小企业多数建在条件简陋、设施不齐全的乡镇，物质生活和文化生活质量较差，难以引进和留住人才，同时也严重影响中小企业的生产规模和经济实力。可见，林业产业的劳动力整体素质偏低、林业科技人才的流失与不足已严重影响着黑龙江省林业产业的快速、健康发展。

（六）缺乏具有核心竞争力的大型龙头企业

目前，黑龙江省林业产业加工企业技术和工艺落后、设备简陋、原材料利用率较低，多数企业以原材料初级加工或粗加工为主，产品的增值效益低、市场竞争力较弱，缺乏具有一定规模的龙头企业，以致林产品的开发生产还处于初级阶段，大部分个体企业处于半机器、半手工的家庭作坊式生产模式，很少生产名牌产品和高档产品，企业的装备水平差、劳动生产率低、产品科技含量低。可见，黑龙江省的涉林龙头企业数量少，并且经营规模普遍较小，缺乏具有带动能力、拉动生产基地发展的林业拳头产品、知名品牌以及大型林业知名龙头企业。根据调查显示，2023年，黑龙江省有木材加工企业18000多家，年加工木材500万立方米，但是其中年产值在5000万元以上的涉林龙头企业不过40家，也仅仅只有50家木材的年加工能力超过1万立方米，平均每家的木材加工量只有350立方米，初级加工产品所占比例为70%，深加工产品的比例很小，以木竹为原料，生产竹压板、木制品、木质人造板的大中型省级备案林业龙头企业更少，甚至有些果品储藏和加工企业的实力更是薄弱，经常压低价格收购产品，损害林农的正常利益，使得林农得不到相应的利益保障。由此可见，建立和发展具有一定规模的大型龙头企业对于黑龙江省林业产业的发展至关重要，大型龙头企业将会对黑龙江省林业的发展起到重要的推动作用，因此在此情况下发展大型龙头企业对于林业产业的长远发展来讲势在必行。

## 三、黑龙江省林业产业发展的思路与对策

### (一) 黑龙江省林业产业发展的思路

#### 1. 总体目标

为认真贯彻执行党和国家发展林业的方针，结合黑龙江省林业发展的现实状况和建设林业经济强省总体要求，可将黑龙江省林业产业发展的总体目标确定为：以建设中国特色的社会主义市场经济理论和科学发展观为指导，以国内外市场需求为导向，以科学的产业发展模式为依据，以林业资源开发为基础，以经济效益为中心，以科技为支撑，按照扩大规模、优化结构和提高效益的原则，确定林业产业的发展方向，充分发挥黑龙江省的区位、资源、技术和产业基础设施等比较优势，大力发展联结市场与林农的龙头企业和各类中介组织，开发特色产品，实施名牌战略，加快传统林业向现代林业转变进程，实现林业产业发展与生态建设、资源利用和保护统一协调发展，形成产供销一条龙、林工商一体化的林业产业集群，引导广大林农走林业生产基地化、集约化和现代化的道路，实现林业产业提速增效、产业结构优化以及林业的可持续发展。

#### 2. 指导思想

黑龙江省林业产业的发展需要遵循以下指导思想：坚持产业发展生态化、生态建设产业的基本方针，以全省提出的"以林兴省"战略目标为指导，以建设现代林业产业基地为主线，以促进全省经济发展和农民增收为目的，以创新机制为动力，以优化产业组织为切入点，以提高林产品科技含量为支撑，以延伸产业链为手段，从客观实际出发，用工业化思维谋划林业，用城镇化理念建设林区，健全和完善专业化林产品市场，推动资源培育和相关服务业的发展，努力构建林产供销一条龙、工商一体化，以及第一、第二、第三产业协调发展的林业产业体系，最终实现由林业资源大省向林业经济强省的历史性跨越。

#### 3. 指导原则

黑龙江省林业产业不可盲目发展，必须全面分析自身的资源条件、技术水平和市场开发能力，在此基础上制定合理的发展指导原则，并以此原则为指导。黑龙江省林业产业发展需要坚持以下几个原则：

（1）市场导向原则

林业产业的发展必须以市场需求和社会需求为导向，这是各项经济活动在市场经济条件下得以进行所必须遵循的指导方针，是发展林业产业的基础和前提。在林业产业发展过程中，有关森林资源的培育、生态环境的建设和保护、林业产业链群的构建以及林业企业的发展等都是由市场需求和社会需求在资本和配置资源上所具有的基础性作用决定的。林业产业要想发展好，就必须以市场需求作为生产经营活动的基本出发点，要在市场细分的基础上选择目标市场，由市场需求决定各产业间的关联和林业产业的布局，充分考虑产品的市场反响、市场占有率和人们需求的日益多样化，在林产品的育、产、推、供、繁、销的每一个环节，都要根据市场需求生产所需的各种产品，在分析市场动态、了解市场情况以及预测市场未来的基础上，形成具有特色的产品系列或者产品组合，以市场和社会需求拉动林业各产业的发展。

（2）利益协同原则

发展林业产业是生产力发展和林区经济发展的基本要求，但是要想使黑龙江省林业产业实现顺利发展，协同各方面的利益关系至关重要。这也是林业产业健康发展的必由之路。在黑龙江省林业产业发展过程中，所涉及的利益关系主要包括林业与社会和其他部门的利益关系、林业产业内部各产业间的利益关系、代际间的利益关系和龙头企业与其他企业间的利益关系。这就要求产业参与主体的观念由生产型转变为生产经营型，将市场需求作为生产经营的出发点，选择符合自身发展的经营组织和利益机制。林业产业发展所涉及的利益关系主要表现在对林业所提供的外部环境效益的合理补偿、林业产业发展的可持续性和森林资源培育与加工利用间的利益关系上。基于林业的长远发展，上述这些利益关系必须协同一致，各行为主体都应该坚持利益协同、互利互助的原则，通过建立合理的经营发展体制和利益分配机制去加以协调，通过产业内部各生产要素的重组以及各行为主体的分工协作来提高劳动生产率，密切各产业链条之间的关系，更好地结合生产组织和市场组织，提高林产品的有效供应，进一步促进黑龙江省林业产业的健康发展。

（3）因地制宜原则

由于黑龙江省现阶段林业的生产力水平以及自身条件和特点与我国其他省份不同，这就决定了黑龙江省发展林业产业要坚持一切从实际出发、因地制宜、因时制宜的原则，充分考虑不同时期的所有制和市场化程度以及资源禀赋条件和技术条件，使主导产业选择和地域产业安排与区域基础资源及环境相协调，在此基础上选择林业产业发展的合理模式。林区有各种资源，包括生物资源和非生物资源。因此，黑龙江省的林业产业发展应该以资源为基础，在不破坏区域自然环境的前提下，因地制宜选择林业产业发展方式，对区域内资源条件有正确的评估，针对不同的资源特点形成各具特色和优势的林业产业发展格局，根据市场需求状况开发优势资源，选择合理的林业产业发展的组织形式，不能搞"一刀切"，也不能盲目地效仿和攀比，要充分发挥黑龙江省林业的区域优势，使这种产业形式对发展林区生产有利，使所选择的产业或产品具有更好的经济效益和市场竞争力，在黑龙江省的区域范围内实现森林资源的优化配置，进行区域内的整体产业布局，以此促进区域经济的健康协调发展。

（4）持续发展原则

现阶段，生态建设是黑龙江省林业产业发展和建设的战略基石。林业可持续发展的基本内涵是：既满足当代人的需求，又不损害后代人对林业资源需求的发展，在不断满足国民经济发展和人民生活水平的前提下，增强生态服务的功能，真正实现林业发展的经济效益、社会效益和生态效益相统一。在黑龙江省林业产业发展的过程中，要坚持资源的永续开发和利用与保护和改善环境相结合的方针，综合考虑林业的经济效益、社会效益和生态效益，着眼当前、立足长远、统筹规划，保证林业资源的多效益永续利用，按照现代林业建设和生态承载力的基本要求，采取适当、合理的发展模式，最大限度地发挥林业在改善生态中的主体作用，遵循林区可持续发展的原则，保持林业的可持续发展。同时，对于任何破坏资源或带来连带性环境问题的行为，必须加以制止，保护生物多样性，以维持森林生态系统的生产力和更新能力，做到永续开发和利用资源与保护环境协调共进，努力提高林业的经济、社会和生态效益。

## （二）黑龙江省林业产业的发展模式

高效率的产业发展模式是黑龙江省林业产业顺利发展的基本保障。由于不同国家、不同地区和不同行业的经济发展水平、林业生产内容不同，决定了其产业发展模式也各不相同。按照黑龙江省林业产业发展的要求，可以将林业产业发展的一般模式确定为：以科学发展观为指导，以市场需求为导向，充分发挥自然资源、工业园区、专业市场的优势以及林业龙头企业和专业合作组织的带动作用，形成上下联动的多条产业链高度关联的林业产业发展格局。但是，黑龙江省内各地的经济和社会发展状况也不同，所以各地应该根据本区域的实际情况选择具体的产业发展模式。

1. 自然资源主导模式

该模式指的是基于自然资源和地理环境等要素来促进林业产业发展。林业与其他产业相比，其显著的特点在于特有的区位性以及对生物资源的依赖性，发展林业产业必须依托当地的特色自然资源，并逐步开发独具特色的林产品产业链。林木种苗、花卉业、果品生产等的发展受自然资源以及地理环境的影响较大，适合采用自然资源主导的模式发展林业产业。自然资源主导的林业产业发展模式一般为劳动密集型，能够极大地带动林区农村劳动力的就业，并促进林农收入的提高。

2. 龙头企业带动模式

龙头企业带动模式指的是在一定的区域范围内，由一家或者几家大型的龙头企业在林业产业发展过程中起主导作用，并通过龙头企业的创新活动逐步衍生和裂变，以形成林业产业集群，进而带动林业产业的发展。该模式的发展主体是龙头企业，在林业产业发展过程中，依靠龙头企业完备的生产和服务系统、较强的科技创新能力以及市场竞争优势，围绕一项或者多项产品，形成"公司+林农""公司+批发市场+林农""公司+基地+林农"的林业产品经营一体化的组织形式。在该模式下，林农和企业之间的购销利益相对稳定，能够为林业产业发展提供相应的原材料。通过合理化和规范化的林业产业购销合同，林农与龙头企业利润共享、风险共担，在龙头企业的带动下不断促进林业产业的发展。

3. 工业园区依托模式

工业园区依托模式指的是以区域林业产业特色为基础、以林业产业政策为导向的林业产业发展方式。它依赖于政府的规划和扶持，是在一定的经济发展条件下，按照政府的未来林业发展定位以及林业产业布局形成和发展的，并通过政府的优惠政策积极吸引国内外知名企业投资，是一种"筑巢引凤"式的林业产业发展模式。工业园区能够有效地推动林业产业的发展，园区内的林业企业可以依据林业产业链的分工与协作，在合作竞争的基础上建立完善的林业产业发展互动机制，使林业产业在发展过程中不断获得创新优势，以保持持续的发展生命力。

4. 专业市场牵引模式

专业市场牵引模式指的是林业产业是在专业市场的引导下不断发展壮大的。专业市场指的是以现货批发为主要业务,在市场内部集中交易某一类林产品的场所。专业市场牵引模式能够解决林业产业发展过程中的林业原料来源以及产品销售等相关问题,能够降低林业产业发展的交易成本,进而获得成本竞争优势。该模式的形成应该同时具备三方面的条件:一是各级政府的扶植和引导;二是交通区位优势;三是产品的差异性。当上述条件都具备的情况下,林业产业将通过市场的牵引不断发展。

5. 多种经营主导模式

多种经营主导模式指的是以林地资源为依托,以科学技术为支撑,以林下土地资源优势为基础,进行林下种植以及养殖等林业多种经营,使农、林、牧等各业实现优势互补和资源共享的一种现代生态林业产业发展模式。该模式具体分为林牧、林粮、林药以及林禽等多种模式,其适宜地区一般为间作间养的区域。发展林下经济,目前最迫切响应的是信息以及技术,因此政府等相关部门应该不断加大科技投入力度,不断引进林业发展的新技术和新品种,大胆探索林间种养新模式,使林业向立体化方向发展,进而推动林业产业全面发展。

上述不同的产业发展模式都是在适应不同地区、不同条件和不同林业产业类型的基础上形成的,因林业资源禀赋不同,其产业的发展模式也会不同。因此,黑龙江省内各地区在选择林业产业发展模式时应根据本地林业产业的现实状况,选择适合自身林业特点的林业产业发展模式,或者采取多种模式相结合的林业产业发展模式。

### (三)推进黑龙江省林业产业发展的对策

推进黑龙江省林业产业发展,是牵动区域经济发展的重要战略举措,也是实现黑龙江省林业跨越式前进的必然选择。目前,黑龙江省林业正处在由以木材生产为主向以生态建设为主的历史性转变的重要变革和转折时期,大力加快林业产业发展,推进林业产业发展进程,做大做强黑龙江省林业,事关黑龙江省经济和社会发展大局。黑龙江省林业产业的顺利发展,依赖于各级政府、行业协会、林业企业的共同努力。总体而言,必须着重做好以下六个方面的推进措施:

1. 加强政府的领导和扶持

在黑龙江省林业产业发展过程中,林业产业的主体、客体和载体分别是林农、市场和政策,政府在推进黑龙江省林业产业发展以及产业结构优化过程中的作用巨大,黑龙江省林业产业的发展离不开各级政府的组织、引导和扶持。政府制定的相关林业产业政策是黑龙江省林业产业发展战略得以有效运作的基础和保障，因此政府应该把积极推进林业产业发展摆上议事日程，不断提高对加快林业发展重要性的认识，形成主管领导牵头、党委统一领导、有关部门参与、党政齐抓共管的工作机制，合力推进林业产业经济发展的组织和管理机构，并落实工作责任制；不定期召开林业产业发展推动工作会议，建立林业产业发展激励约束机制，制定符合区域发展实际的林业产业发展规划；跟踪产业发展的现实情况，分解并落实各部门的相关责任，依据年度考评情况实施奖惩，把林业对区域经济增长贡献率、林业经济发展速度指标、林业经济总量指标等都纳入政府目标考评体系，认真解决林业产业发展过程中的重点和难点问题，形成林业产业发展的强大推力。这样不仅可以防止和克服市场失灵、有效发挥市场在资源配置中的基础性作用，还可以充分发挥政府的宏观调控作用以及出台的相关林业产业政策的扶持作用，更好地把各项指标和各项推进措施落到实处。

### 2. 完善宏观调控扶持体系

建立完善的宏观调控与扶持体系的主要措施包括以下四个方面：

（1）建立风险预测和风险防范系统。为了有效地规避林业企业在进行生产和市场交易时所面临的某些风险，必须事先对市场信息进行收集、分析和整理，充分了解林产品投资动向、进出口波动和价格变化趋势等基本信息，及时掌握社会、有关行业和市场发展变化的趋势，为林业企业做出正确的生产和投资决策提供信息基础。

（2）制定林业产业发展总体规划。合理的林业产业总体规划对于黑龙江省林业产业的发展具有重要的指导性作用，它的合理运用，可以加速推进林业产业发展的进程。为此，黑龙江省各级政府应加大产业政策的扶持作用，结合省内的资源优势，在明确林业产业发展的总体目标、指导思想和原则的基础上，做好产业发展规划，引导林业企业有序发展。

（3）发挥行业协会的自律作用。随着黑龙江省的林业企业逐渐走向国际，参与国际贸易的机会日益增多，而国际纠纷也在不断产生，但是全省的林业产业行业协会数量较少，并且工作质量不高、代表性差，在处理国际纠纷方面经常表现出经验不足和能力弱的状况。因此，黑龙江省的林业企业应通过整合和改进工作，建立行业协会，以此来规范林产品市场，推进行业技术进步，实现林业产业内部各行业的自律与有效管理，维护市场上各方之间的公平竞争，保护各方的合法权益。

（4）运用多种手段加强宏观调控。宏观调控的手段主要有经济的、行政的、法律的手段等。首先，在经济手段的运用方面，黑龙江省应利用好国家扶持林业发展的政策，通过财政、物价、投资和金融等方式，加大提供税费优惠政策、项目资本金和贴息贷款的扶持力度，引导企业生产规模效益好、经济效益高、市场需求大的产品，并坚决制止产品质量差和环境污染严重的产品在市场上交易。其次，对于行政手段的运用，各级政府部门应在符合国际和国家生产林产品的标准基础上，建立和完善木材经营加工许可证制度，制定行业行为规范，颁布行业技术标准，加强对林产品的质量监督、检查和检验工作，以此来增强全省林产品的国际竞争力。再次，在法律手段的运用方面，黑龙江省的各级政府应完善林业立法，建立健全一系列相关的地方性林业法律和法规，使林业产业的发展实现有法可依、有章可循。最后，还要提高法律和法规的可操作性以及行政执法效率，通过培育和扶持林业产业龙头企业，进行开拓市场、引导基地建设，对于违反法律和法规的行为，必须加以制止和处以相应的惩罚，使林业产业发展的各个方面真正实现有法可依、执法必严、违法必究。

3. 调整优化林业产业结构

林业产业结构优化，是实现林业产业顺利发展的必要条件。主要包括产业结构合理化和产业结构高级化两个方面。林业产业结构合理化，主要是指在各产业间存在失衡的情况下，通过合理配置各产业间的各种生产要素，改变各种失衡状态，使林业各产业之间保持良好的产业关联效应和协调关系，产业结构逐步趋于优化。林业产业结构高级化，主要指的是在林业产业结构中，逐步提高具有较高附加值和较高加工度的产品或劳务的比重，主要以资金密集型和技术密集型产业为主，产业结构由生产初级产品产业占优势逐步向生产中间产品和最终产品产业占优势演进。

基于目前黑龙江省林业产业发展的现实状况，黑龙江省林业产业结构调整和优化的方向应该是：加强林业第一产业的基础地位，提高林业第二产业的素质，加快林业第三产业的发展速度。具体措施如下：

（1）大力发展木材精深加工业。着眼于黑龙江省工业化、城镇化和国际化的新形势，充分发挥省内自身优势，把林业产业发展的着力点放在具有发展潜力的第二产业上，依托中国林产品交易会的市场平台，按照现代林业经济发展要求，以木材加工业为主导产业，突出林产品精深加工重点，构建专业化、标准化和规模化的经营格局，做大做强第二产业，形成高度关联的产业链条，促使劳动力从第一产业向第二产业转移，进而促进全省林业经济增长方式的转变。

（2）因地制宜开展多种经营。黑龙江省的林业发展具有优良的传统和广泛的群众基础，在保持资源培育业优势的基础上，应该因地制宜地积极鼓励多种经营形式的开展，例如：继续加大经济林的种植面积、发展林下养殖、巩固花卉产业以及其他林业副业等，努力在提升传统产业的基础上催生新兴产业，并且要大力发展现代服务业和森林生态旅游第三产业，探索和创新适合黑龙江省内各区域不同的林业多样化发展模式，提高林业整体产出功能。

（3）提高林业产业关联度。在调整产业发展重心、大力发挥第二产业带动作用的同时，应该积极发展第三产业，即森林旅游业。在提高防护林树种选择的成功率和提高防护林培育面积的基础上，发挥防护林的生态环境保护功能，坚持与当地木材加工业所需原材料相匹配的原则，逐渐提高用材林和防护林的建设面积，为林业发展储备充足的原材料，培育林业新的经济增长点，形成三个产业间密切的产业关联度，缓解省内木材短缺的压力，实现木材本身最大效益的发挥，促进三个产业协调发展。

**4. 优化整合林业产业组织**

优化和整合林业产业组织可以通过促进大中小企业联合、培育和壮大龙头企业以及加速中小企业兼并重组等方式加以实现，具体措施分析如下：

（1）促进大中小企业联合。企业间的有效联合，是实现企业技术改造和创新、产业链的延伸、产业结构调整、产业组织优化、提高产品精深加工程度和促进林业产业发展的关键步骤。一方面，大企业可以通过与中小企业间的联合，把落后的设备转移到中小企业，集中物力和财力加大对核心加工环节的资金投入和技术改进。这样既有利于减轻企业的经济负担、提高资源的使用效率，也有利于提高企业的精深加工能力和企业核心产品的市场竞争力。另一方面，从中小企业角度看，他们缺乏足够的资金购买新装备，大企业淘汰的落后生产设备对于它们来讲并不落后，同时通过合同方式与大企业进行企业联合，大企业会把初级产品加工的一部分生产订单转移给它们生产，这样既可以节约成本，又可以在生产过程中得到大企业的相关技术指导，提高企业的发展质量。

（2）培育和壮大龙头企业。在黑龙江省林业产业发展过程中，龙头企业具有重要的作用。为此，林业企业和各部门应该充分认识到这一点，要对具有一定规模的林产品龙头企业加大政策引导和扶持力度，在财税政策上给予一定的优惠或者激励，提高产品的科技含量和市场竞争力，引导企业往精深加工方向发展，促使龙头企业的辐射带动力得到最大程度的发挥。同时，还要按照现代企业管理方法和现代企业运行机制，进一步整合资源，加强管理，提高企业整体素质；鼓励企业强强联合，通过内部改革激发企业活力，培育新的龙头企业；及时更新技术和设备，提高产品科技含量和市场份额；实施名牌战略，发展一批带动能力强、辐射作用大的在全省乃至全国有较大影响力的龙头品牌加工企业。

（3）加速中小企业兼并和重组。目前，黑龙江省还存在很多产能低、生产规模小的中小企业，严重影响企业自身发展和地区经济模式的转变。为此，可以对中小企业采取兼并重组，使中小企业拥有与大企业一样先进的人才、技术优势和抵御市场风险能力，增强对社会的辐射和带动作用，这有利于企业规模化、集群化生产，同时有利于企业延长生产链，降低企业间的无序竞争。可以采用如下方法：第一，地方政府以完善地区产权交易市场的运行机制为前提，通过制定企业兼并重组的管理制度，以间接调控的方式推进企业兼并重组，并且注意避免兼并和重组可能产生的风险；第二，通过设立林业企业合并重组专项资金和争取省级国有资本经营预算资金，加大对中小企业兼并和重组的扶持力度，并通过参股、控股、合作、兼并、合资、联合等多种形式支持本地区林业企业进行资产重组，放宽民营资本的市场准入制度。

5. 建立科技支撑体系和人才储备体系

"科学技术是第一生产力"，科技进步和创新是推进林业产业发展的内在动力，是推动林业产业结构转换和升级的重要力量，也是黑龙江省林业彻底改变发展滞后状况、实现跨越式发展的根本途径。科学技术和人才对于黑龙江省林业产业发展的作用主要表现在以下三个方面：第一，科技和人才为林业产业的发展提供了技术保证。在森林资源的培育、林木良种选育、森林病虫害防治、林木丰产栽培和生态研究等方面，科学技术和人才起着至关重要的支撑作用，为林业资源基地的建设，林产品品质、产量以及育种效率的提高奠定了坚实的基础。第二，健全的林业科研开发和服务体系，能够提高林业科技队伍的综合素质和专业素质，可以延伸林产品的产业链，提高林产品的附加值，进而为推进林业产业发展提供人力资源保障。第三，林业科技成果的推广应用以及专业人才的培养，为林业基地建设、林产品科技含量的提高、产业链的延伸提供了一定的保障。通过科技攻关，可以提高森林的开发和利用率，培育出更多优质的林木和良种。

因此，各级政府应该高度重视科学技术在林业产业发展过程中的重要推动作用，建立科技支撑体系和科技推广服务体系，开发科技含量高的优势产品，以先进的技术和科学的管理增强林产品的市场竞争力，进而带动黑龙江省整个林业经济的发展。具体做法如下：

（1）各级政府在财政上要加大对林业的扶持力度，增加对林业科技的投入，通过制定相关政策对林业实施技术、知识和品种的三项创新，推广先进的生产适用技术，提高林业产业发展的科技支撑水平，增加林业生产的科技含量。

（2）构建新型的林业科技创新体系。这里的创新体系主要包括林业科研体系、科教培训体系、技术监督标准体系、科技管理体系和技术推广服务体系。通过对上述体系的创新，增强林业企业技术支撑和创新能力，加强林业科技的基础研究、应用研究和高新技术开发，推进林业新科技革命的顺利进行。

（3）提高林业劳动者的整体素质。企业应积极探索和创新人力资源开发与使用的管理机制，对林业科技工作者加大培训力度，进行各类相关的职业培训，逐步引导林农实施农、林作物的种植与调整技术，采取引进与培训相结合的原则，在稳定现有林业科技工作队伍的基础上，吸引更多的先进林业科技人才。

（4）与相关林业科研单位和林业院校建立联系，运用先进科技和实用方法，帮助林业企业制定结合企业生产实际的发展方针和发展规划，为其林业产业的顺利发展提供技术保障。

### 6. 构建现代林业产业体系

丰富的森林资源是发展林业产业的基础，而构建现代林业产业体系是发展林业产业的关键因素。黑龙江省拥有丰富的林业资源，但是省内的林业产业发展速度并不是十分可观，林业资源和林业产业之间存在着一些问题。当前，要想处理好黑龙江省的林业资源与产业之间的关系，就必须构建现代林业产业体系。

具体可以从以下三个方面着手发展第一、第二、第三产业：

（1）挖掘潜力发展林业第一产业。在发展林业第一产业时，应该充分挖掘当地的林地生产潜力，加快培育用材林资源，以此来推动第一产业的发展。可以从以下四个方面着手开展工作：第一，以市场需求为导向，充分利用山区和宜林地，在符合经济林产品质量标准的前提下，发展黄连木、油桐等优势树种以及特、优、新、名的经济林和花卉品种，建设一批林木生物质能源示范基地，开展标准化生产，努力将黑龙江省建设成为我国最大的生物柴油生产基地。第二，发展商品林经济。应该立足当前并着眼长远，切实解决木材供需矛盾的问题，积极发展大径级用材林、速生丰产林、珍贵树种和工业用料林，通过科技创新缩短生产周期，逐步缓解木材供需的结构性矛盾。第三，充分利用林下土地资源、林下资源以及环境优势，积极推进林下种植和养殖业的发展，在发展林药、林农、林畜、林菌、林草、林禽等的基础上，充分利用资源共享、协调发展的理念积极发展种植业和养殖业的立体复合经营。

（2）利用现代科技全面发展林业第二产业。在发展黑龙江省林业产业的同时，要注意以下三个方面的工作：第一，要充分依靠先进的科学技术和机器设备，加快发展以木材加工、林化精深加工等为主的林产品加工业；第二，在引进先进生产技术的基础上，扩大对具有黑龙江特色的林产品的加工规模和范围；第三，按照林纸一体化和林板一体化的生产与发展要求，大力发展和建设一批优质、高效和丰产的工业原料林基地。

（3）发展以森林生态旅游为主的林业第三产业。黑龙江省的森林资源相对丰富，而且具有良好的地理位置，位于我国的东北部，与俄罗斯接壤，并且气候条件较好，雨量充沛，利于树木的生长，因此林业景观资源丰富。为此，黑龙江省可以在原有的林业景观资源基础上对其加以充分开发和利用，利用其独特的区位条件、气候条件、基础设施条件等大力发展森林生态旅游业，并在系统开发与合理布局的发展方向下，对生态旅游加大规划与指导力度，逐步发展成为以森林生态景观为主体、与其他景观相结合的独具特色的，并与其他林业景区相互补充、相互带动、相互衔接的生态旅游精品线路和森林生态旅游圈。

# 参考文献

[1]彭镇华,等.海峡西岸现代林业发展战略[M].北京:中国林业出版社,2010.

[2]孙建.中国非公有制林业发展的实践与探讨:关于非公有制林业经济的战略研究[M].北京:中国林业出版社,2008.

[3]雷加富.中国森林生态系统经营:实现林业可持续发展的战略途径[M].北京:中国林业出版社,2007.

[4]周生贤.实施以生态建设为主的林业发展战略:中央林业决定落实情况调研报告[M].北京:中国言实出版社,2005.

[5]陈幸良,等.中国现代林业技术装备发展战略研究[M].北京:中国林业出版社,2011.

[6]袁尚勇.林业可持续发展战略理论与实践[M].北京:中国林业出版社,2012.

[7]李世东,等.中国林业信息化发展战略[M].北京:中国林业出版社,2012.

[8]彭镇华.北京现代林业发展战略[M].北京:中国林业出版社,2014.

[9]蒋志仁,刘菊梅,蒋志成.现代林业发展战略研究:经济理论、法规[M].北京:北京工业大学出版社,2021.

[10]林宇,陈文汇,刘俊昌,等.中国林业高等教育国际化发展战略研究[M].北京:中国农业出版社,2020.

[11]冉陆荣,周峰.长江上游地区林业生态发展外溢效应评估及补偿机制研究[M].北京:经济管理出版社,2020.

[12]苏时鹏.林权制度改革与绿色创新发展:农户林业全要素生产率增长机理研究[M].北京:中国林业出版社,2017.

[13]张占贞.生态林业和民生林业:山东省林业产业集群发展问题研究[M].北京:清华大学出版社,2017.

[14]张爱生.林业发展与植物保护研究[M].长春：吉林科学技术出版社，2022.

[15]姜霞.中国林业碳汇潜力和发展路径研究[M].北京：中国农业出版社，2019.

[16]陈绍志.林业重点产业竞争力和发展潜力预测研究[M].北京：中国林业出版社，2018.

[17]孔凡斌，廖文梅.林业社会化服务供给与农户需求特征及其影响研究[M].北京：中国农业出版社，2020.

[18]陈乌云.基于林业发展推进乡村振兴战略的研究[J].农家参谋，2020（16）：277-279.

[19]董志刚.林业技术创新在林业发展中的策略研究[J].中国战略新兴产业，2019（20）：223-231.

[20]陈国辉.构建国有林场现代生态林业体系的探讨[J].北京农业，2015（27）：88-89.

[21]张涛，曹虎，张兆铭.基于乡村振兴战略的林业产业发展探讨[J].农业科技与信息，2022（13）：106-108.

[22]邱仁辉，胡新，江汉森.区域性农林实践教学基地建设的探索：以福建农林大学为例[J].中国林业教育，2021（06）：16-21.

[23]刘茂霖.基于乡村振兴战略的林业产业发展策略研究[J].农村百事通，2021（02）：107-110.

[24]宋凯.林业经济可持续发展战略思考[J].现代园艺，2018（11）：2-7.

[25]赵泽华.区域林业经济发展差异性及其影响因素分析[J].绿色科技，2019（19）：3-4.

[26]胡伟平.林业苗圃育苗新技术应用及其推广策略[J].农业与技术，2018，38（24）：1-3.

[27]赵实.乡村振兴战略下现代林业发展的多重价值维度及建议研究[J].新农业，2022，（04）：2-5.

[28]朱向光，王晓霞，彭丹霞，等.森林抚育在林业高质量发展中的实践研究：以织金县为例[J].农业技术与装备，2022（05）：10-14.

[29]陈学福.可持续发展理念下我国林业经济的发展战略探究[J].现代园艺，2018（12）：123-126.

[30]方向华,雷小华,林秀君,等.助推乡村振兴战略探究加快林业高质量发展的路径[J].村委主任,2022(06):59-61.

[31]苏峰华,李艳玲.试析生态文明视角下的林业管理的可持续发展战略[J].中国林业产业,2017(03):143-150.

[32]杨喜强.完善营林工程生态建设实现林业发展战略目标[J].吉林农业,2018(18):98.

[33]罗进,张香萍.林业生态工程发展战略及对策研究[J].科技经济市场,2018(07):115-116.

[34]袁燕荣.林业技术创新在现代林业发展中的重要性及策略[J].中国宽带,2019(03):41-42.

[35]宋晓渠.浅议林业技术创新与现代林业的发展策略[J].南方农机,2019,50(05):128.

[36]徐翠霞.谈林业在乡村振兴中的作用[J].经济与社会发展研究,2019(11):213.

[37]张晓东.生态文明视角下林业管理可持续发展战略的思考及建议[J].江西农业,2019(14):98.

[38]江中阳.谈科研人员对地方自然科学基金的综合评价研究[J].黑龙江科技信息,2017(16):62.

[39]邓军.林业经营与森林生态发展策略思考[J].农村实用技术,2019(06):104.

[40]张林.林业经济可持续发展战略的思考[J].山西农经,2018(01):61.

[41]李春艳.可持续发展战略下的林业科研策略[J].中国林业产业,2017(01):8.

[42]张立国,陈青华.林业生态发展战略下的林业可持续发展[J].农民致富之友,2019(01):183.

[43]王英爽,关怀海,刘敬泽,等.林业生态与林业的可持续发展战略[J].防护林科技,2019(01):73-74.

[44]陈锦红.林业生态工程发展战略与对策研究[J].中国林业产业,2017(04):164-172.

[45]温哲华,刘玲.浅析林业生态发展战略下的林业可持续发展[J].现代园艺,2019(15):209.

[46]张扬，金英博.以生态建设为主体的新林业发展战略构想[J].江西农业，2019（14）：99.

[47]廖小梅.以生态建设为主体的新林业发展战略构想[J].信息周刊，2018（02）：94.

[48]杨红芳.以生态建设为主的林业发展战略分析研究[J].农家参谋，2018（18）：83.

[49]朱旭利.推进林业发展实现乡村振兴战略的途径[J].绿色科技，2018（21）：190-191

[50]黄天真.林业战略性转变及森林培育发展策略[J].中文科技期刊数据库（全文版）农业科学，2019（08）：2-6.

[51]陈文斌.西北区林业生态发展战略探索[J].农村实用技术，2019（07）：103.

[52]严粉丽，张武博.实施以生态建设为主的林业发展战略[J].花卉，2019（14）：241.

[53]管昆.林业森林资源管理的森林资源可持续发展策略[J].花卉，2018（14）：245-246.

[54]张超.生态保护背景下林业经济的可持续发展路径[J].百科论坛电子杂志，2018（08）：711-712.

[55]徐金丰.法学视角下我国林业经济发展的保障体系建设研究：评《新时期中国林业生物安全战略与法律法规研究》[J].林业经济，2020，42（05）：1-5.

[56]赵刚.林业生态与林业的可持续发展战略研究[J].农村经济与科技，2021，32（16）：3-13.